KB077350

일을 잘 맡긴다는 것

SAIKO NO LEADER GA JISSEN SHITEIRU "MAKASERU GIJYUTSU"
© SUSUMU ASANO 2017
Originally published in Japan in 2017 by Pal Publishing Co., TOKYO,
Korean translation rights arranged with Pal Publishing Co., TOKYO,
through TOHAN CORPORATION, TOKYO, and EntersKorea Co., Ltd., SEOUL.

CEO의 서재 · 23

일을 잘 맡긴다는 것

아사노 스스무 지음
김정환 옮김

리더가 일 잘하는 것은 쓸모없고,
일 잘 맡기는 것이 중요하다

HOW
DOES A
LEADER
WORK?

센시오

리더가 일 잘하는 것은 쓸모없다

리더의 능력을 결정하는 것은 무엇일까?

일을 잘하는 리더와 일을 맡기는 리더 중에 누가 더 능력 있는 리더일까?

과거에는 탁월한 능력으로 개인의 성과를 올리는 리더들이 주목을 받은 것이 사실이다. 하지만 빠르게 변화하는 기업 환경 속에서 능력 있는 리더의 조건도 변하고 있다.

필자는 오랫동안 조직 관리와 기업 컨설턴트로 일하면서 조직의 관리 업무를 맡고 있는 리더들을 수없이 만났고 그들의 고민을 들었다. 능력 있다고 인정받고 있는 리더들도 대부분 너무 많은 업무를 혼자 떠안은 채 번아웃 상태에 빠져 있었다. 어떤 이들은 자신의 업무에 빠져 조직 관리에 손을 놓고 있는 경우도 있었다.

"현장 사정도 모르는 사람한테 일을 맡기려니 불안해요."

"쏟아지는 업무에 관리의 역할과 책임까지 맡다 보니 피로감과 허탈감으로 완전히 지쳐버렸어요."

"팀의 비전과 방향을 보여주면서 직원들에게 동기도 부여하고 싶었는데, 끊임없이 쏟아지는 일거리에 짓눌려 아무것도 못하고 있네요."

이것은 기업에서 리더의 위치에 있는 사람들에게 직접 들은 이야기이다. 이 책을 읽고 있는 당신은 지금 어떤 상황에 처해 있는가? 상사나 동료들은 "부하 직원한테 맡기면 되잖아?"라고 쉽게 말하지만, 당사자는 부하 직원들에게 선뜻 일을 맡기지 못하는 각자의 이유나 사정이 있기 마련이다. 하지만 일을 맡기지 못한 채 홀로 일을 떠맡고 허덕이다가는 부하 직원에게는 물론이고 상사에게도 무능한 사원 취급을 받을 수밖에 없다.

'일을 맡기는 방법'은 조직을 관리하는 사람들이 예전부터 고민해온 주제이다. 하지만 여전히 많은 리더들은 일을 맡기는 방법을 고민하고 있다.

과거 회사 조직에서는 리더가 자신이 담당하고 있는 업무의 일부를 가장 직위가 높은 부하 직원에게 맡기고, 그 부하 직원

역시 자신의 업무를 자신의 밑에 있는 후배에게 맡기는 식으로 위에서 아래로 업무를 맡겨나가며 생산성을 유지했다. 하지만 경영 환경이 급격하게 변화하면서 과거의 상명하달식의 업무 체계로는 성과를 높이는 것이 어려워지고 있다. 무엇보다 일을 맡겨야 하는 부하 직원들의 인종, 성별, 성향이 다양해지고 있다. 기업의 시장이 전 세계로 확대되면서 때로는 다른 문화를 가진 직원이나 상사와 함께 일을 해야 할 때도 있고, 개성과 자기주장이 뚜렷한 90년대생과 함께 프로젝트를 진행해야 할 때도 있다. 이처럼 다양한 유형의 부하 직원들에게 각각의 상황에 맞춰 '일을 잘 맡기는 것'이 바로 리더의 역할이다.

그런데 리더들이 일을 맡기기 힘들어하는 이유 중의 하나는 '일을 맡길 상대(부하 직원)의 유형'과 '일을 맡기는 상황'의 조합은 무한이라는 점 때문이다. 리더들은 이 무한한 조합 속에서 시행착오를 거치며 일을 맡기고 팀의 성과를 올리기 위해 분투하고 있다. 이때 가장 중요하게 생각해야 하는 것은 일을 맡기는 목적은 인재 육성이 아니라 목표를 이루고 성과를 내는 데 있다는 것이다.

이 책은 이런 관점으로 변화하는 기업 환경과 사회적 분위기 속에서 리더의 역할이 어떤 것인지에 대해 구체적으로 설명하고 있다. 또한 리더로서 일을 맡기지 못하는 이유, 그리고 다양한 인간관계 속에서 어떻게 일을 맡기는 것이 바람직한지에 대해 유형별로 분류하여 상세하게 설명하고 있다. 이와 같은 내용은 직장 생활에서만이 아니라 가족이나 친구 혹은 선후배 사이에 일을 맡겨야 하는 상황에서도 충분히 적용할 수 있다. 따라서 이 책은 급변하는 조직과 사회 속에서 일하는 방식을 개선하고, 리더로서의 자리를 굳건히 하려는 이들을 위한 맞춤형 지침서가 될 것이다. 리더라면 '일을 잘 맡긴다는 것'이 얼마나 중요한지 확인하고 일하는 방식을 개혁해나가기를 바란다.

차례

○제2장○
8가지 유형별 직원에게
일을 잘 맡기는 방법

○제5장○
나서야 할 때와 맡겨야 할 때를 정확히 아는 방법

HOW DOES
A LEADER
WORK?

제 1 장

나는 왜 일을
잘 맡기지 못할까?

일을 맡기지
못하는 이유가 뭘까?

● 　　　오래전부터 리더들은 부하 직원이나 후배에게 일을
맡기는 방법에 대해 고민해왔다. 팀원 몇 명을 관리하는 팀장부
터 어느 정도 규모가 되는 조직의 책임자에 이르기까지, 상사나
인사담당자에게 일을 맡기는 방법에 관해 지적을 받아보지 않은
사람은 없을 것이다. 일을 맡기지 못하는 이유는 얼마든지 있다.

- 일을 맡기는 데에도 시간이 걸리기 때문에 차라리 내가 직접 하는
  편이 빠르다.
- 숙달된 업무라서 내가 하는 편이 효율적이다.
- 일을 하는 것이 즐거워서 다른 사람에게 맡기고 싶지 않다.
- 부하 직원이 바쁜 것 같아 더 이상 일을 맡기기가 미안하다.

- 일을 맡기고 나서 이것저것 가르쳐주는 것이 귀찮다.
- 업무에 서툰 부하 직원에게 일을 맡겼다가 실패할까 우려된다.
- 경험이 있는 내가 이 일을 하는 것이 이치에 맞다.

이밖에도 일을 맡기지 못하는 이유는 다양하다. 하지만 이런 저런 이유에서 일을 맡기지 않을 경우, 쏟아지는 업무에 짓눌려 사고 정지 혹은 업무 마비 상태에 빠질 위험이 있다. 어떤 리더는 담당 업무를 처리하기도 바쁜데 조직의 관리까지 하려니 감당이 안 된다며 피로감과 허탈감을 털어놓는다. 또 다른 사람은 회사에서는 일하는 방식을 개혁한다며 부하 직원들의 야근 시간을 줄이라고 하면서도 업무량은 줄여주지 않아 어쩔 수 없이 자신이 모든 일을 떠맡고 있다며 한숨을 쉬기도 한다. 사람들은 "부하 직원한테 맡기면 되잖아?"라고 쉽게 말하지만, 당사자는 제각각 어떤 이유나 사정 때문에 부하 직원들에게 선뜻 일을 맡기지 못하는 것이 현실이다.

여러 가지 이유로 부하 직원에게 일을 맡기지 않는 것은 물론 본인의 자유이다. 하지만 크든 작든 어떤 조직을 이끌고 있는 리더라면 기업을 둘러싼 환경이 크게 변화하고 있음을 충분히 느끼고 있을 것이다. 그에 따라 직장에서 요구되는 능력의 우선순위에도 변화가 나타나고 있는데, '일을 맡기는 기술'도 그중 하나임은 분명한 사실이다

일을 잘 맡긴다는 '큰 그림'

효과적으로 부하 직원에게 일을 맡길 때 팀의 실적이 올라간다는 사실은 리더라면 누구나 직감적으로 이해하고 있다. 그러나 "일을 맡기는 데 능숙한 리더란 어떤 사람일까요?"라고 물어보면, 대부분은 구체적으로 대답하지 못한다. 당신에게 일을 맡기는 방법에 관해 사사건건 지적하는 상사가 있다면 슬쩍 이렇게 물어보기 바란다.

"어떻게 하면 효과적으로 일을 맡길 수 있을까요?"

그러면 상사는 "그 일 같은 경우는 박 대리에게 맡기는 게 나았어"라든가 "그 정도 내용이라면 조 과장한테 맡겨도 충분했어" 같이 부분적이고 표면적인 조언만 되풀이할 것이다.

인사부에 물어봐도 "부하 직원이 하는 말에 좀 더 귀를 기울이고, 부하 직원을 믿고 맡기는 것이 중요합니다. 답은 부하 직원이 갖고 있으니, 좋은 질문을 던지고 좋은 문제 제기를 해야 합니다"와 같은 원론적인 대답만 돌아올 것이 분명하다. 이런 대답을 들으면 '그런 것 정도는 나도 안다고. 그게 잘 안 되니까 물어보는 거잖아?'라는 말이 목구멍까지 치고 올라온다.

한편 부하 직원은 "좀 더 제 이야기를 들어주셨으면 좋겠습니다"라거나 "좀 더 구체적으로 지시해주셨으면 합니다"라고 요구한다.

'무슨 소리를 하는 거야! 내가 몇 번이나 설명했잖아! 메모를 해놓으라고!'라는 말이 당장이라도 튀어나올 것 같지만, 이런 말을 입 밖에 냈다가는 상사가 갑질을 한다며 난리가 날 것이 분명하니, 폭발할 것 같은 감정을 꾹꾹 억누르느라 스트레스만 쌓여간다. 결론은 일을 잘 맡긴다는 게 어떤 것인지는 아무도 명확하게 대답해주지 않는다는 것이다.

● **일을 맡기는 데 정답은 없다**

그렇다면 왜 '일을 맡기는 데 능숙한 사람'을 정의하기가 어려운 것일까? 두 가지 이유를 생각할 수 있다.

첫 번째 이유는 어떤 리더도 자신이 일을 맡기는 데 서툴다고 생각하지 않기 때문이다. "당신은 부하 직원에게 일을 맡기고 있습니까?"라고 물어본다면 어떤 리더든 "네"라고 대답할 것이다. 애초에 팀의 업무를 100퍼센트 혼자서 처리하는 리더는 이 세상에 없다. 그래서는 리더로 임명한 의미가 없기 때문이다. 또한 팀의 실적이나 업무의 품질에 책임을 져야 하는 리더가 아무런 생각도 하지 않고 부하 직원에게 일을 맡기고 있을 리도 없다. 따라서 자신이 효과적으로 일을 맡기고 있다고 대놓고 말하지는 않아도 일을 맡기는 데 서툴다고 내심 인정하고 싶어 하는 리더는 없다.

두 번째 이유는 일을 맡기는 방법에는 정해진 이론이 없기 때문이다. 일을 맡기는 방법에 관한 이론이 없는 이유는 '일을 맡길 상대(부하 직원)의 유형'과 '일을 맡기는 상황'의 패턴이 무한하기 때문이다. 특히 최근 들어 인종이나 성별의 차이뿐만 아니라 연령이나 학력, 성격, 가치관 등의 다양성을 받아들이고 좀 더 폭넓게 인재를 활용함으로써 노동 생산성을 높이려는 다이버시티 매니지먼트(다양성 관리 경영, diversity management)라는 개념이 도입되면서 이 조합은 더욱 다양해지고 있다. 다이버시티 매니지먼트란 여성과 외국인, 장애인, 신세대 근로자 등 의사결정 과정에서 소외될 수 있는 소수의 직원들이 차별받지 않고 역량을 충분히 발휘할 수 있는 조건을 만들어주는 경영 활동을 의미한다.

부하 직원 모두 우수하고 긍정적이며 적극적이라면, 그리고 언제나 어느 정도의 실패는 허용할 수 있을 만큼의 시간적 여유가 있다면 일을 맡기는 것은 비교적 간단하다. 목적을 정하고, 지원해줄 방법을 결정하고, 보고 규칙을 정한 다음 부하 직원이 자신의 생각대로 열심히 일하도록 내버려두면 그만이다. 그러나 이런 이상적인 방법을 실현하고 있는 조직은 현실에서 존재하지 않으며, 그런 상황은 일시적으로라도 있을 수 없다.

능숙하게
전달하고 싶어!

일을 맡기는 데 능숙한 사람을 정의하기 어려운 이유

리더

부하 직원

일을
맡긴다

① 리더들은 자기 나름대로 생각을 갖고 부하 직원에게 일을 맡기고 있다고 생각하며 자신이 일을 맡기는 데 서툴다고 인정하지 않는다.

② 일을 맡길 상대(부하 직원)의 유형과 일을 맡기는 상황의 패턴이 무한하다.

'일을 맡기는 데 능숙한 사람'은 어떤 사람일까?

나는 일을
맡기는 리더인가?

● 　　　'일을 맡기는 데 능숙한 사람'이 되기 위한 방법을 설명하기에 앞서 자신이 일을 맡기는 데 능숙한지 서툰지, 서툴다면 그 원인은 어디에 있는지 스스로 점검해보자. 앞에서 "아무도 자신이 일을 맡기는 데 서툰 사람이라고는 생각하지 않는다"라고 말했지만, 그럼에도 주위 사람들의 눈에 '일을 맡기는 데 서툰 사람'으로 인식되는 리더에게는 특징이 있다.

Q1　　당신은 자신이 리더로서 본래 해야 할 업무나 공부를 위해 충분한 시간을 확보하고 있습니까?

Q2 팀의 성과를 기대만큼, 혹은 그 이상 달성하고 있습니까?

Q3 부하 직원은 성장하고 있습니까? 혹은 안정적으로 업무를
수행하고 있습니까?

이 세 가지 질문에 전부 자신 있게 "Yes"라고 대답할 수 있는 리더는 아마도 거의 없을 것이다. 애초에 그런 사람은 이 책을 읽고 있을 리가 없고, 나 또한 그런 사람을 실제로 본 적이 없다. 하지만 위의 질문 중 하나라도 "No"라고 대답했다면 당신은 일을 잘 맡기지 못하고 있을 가능성이 있다. 그러면 지금부터 일을 맡기는 데 서툰 사람의 유형과 특징을 알아보자.

[유형1] 플레이어형 리더
실무를 쥐고 있어야 해!

플레이어형 리더
'이 정도는 부하 직원이 할 수 있을 텐데…'라고 생각되는 일을 자신이 하고
있다.
혹은 부하 직원의 일을 대신 하는 것이 즐겁다.

이 유형은 '플레이어형'일 가능성이 높다. 우선 당신이 리더로서
본래 해야 할 업무나 공부를 위해 충분한 시간을 확보하고 있는
지 생각해보자. 이 질문에 "No"라고 대답했다면 리더로서 해야
할 책임을 다하고 있지 못하다는 의미이다. 특히 플레이어형 리
더는 자신의 업무에만 몰두한 나머지 리더의 역할을 간과할 가능
성이 크다. '플레이어형' 리더가 놓치기 쉬운 리더의 여덟 가지 역
할을 살펴보고, 자신이 놓치고 있는 부분은 없는지 확인해보자.

• 조직을 제대로 관리하지 못하고 있다: 상부에서 수립한 방침에 따라 업무를 계획하고, 조직화하며, 할당하고, 지시하고, 통제하고, 조정하는 것, 즉 계획(Plan)→실행(Do)→확인(Check)→개선(Action)의 PDCA 사이클에 따라 조직을 운영하고 업무를 진행하는 것이 리더에게 요구되는 가장 중요한 역할이다. 하지만 '플레이어형' 리더는 자신이 개인적으로 담당하는 실무를 중심에 두고 있다. 그러면서도 부하 직원에 대해서는 '자기가 맡은 업무만 생각하지 말고 좀 더 팀 전체를 보면서 일을 해줬으면 좋겠는데 말이지…'라고 생각하고 있을 것이다.

• 업무를 효율적으로 진행하지 못하고 있다: 상사는 "성과를 올려!"라고 간단하게 말하지만, 업무 수행 과정에서는 다양한 장애물과 문제가 발생한다. 이런 문제들을 모두 해결하고 성과를 올리기 위해서는 해결책을 고민하고 업무 과정을 개선하려는 노력이 필요하다. 그러나 자신의 업무에만 빠져 있다가는 영리한 부하 직원이 개선 방법을 제안해도 검토할 시간을 마련하지 못하고, 문제 해결의 타이밍을 놓쳐버리기 십상이다. 그럴 경우 부하 직원은 물론이고 팀 전체의 의욕이 떨어지고 그에 따라 팀의 실적에도 문제가 발생할 수 있다.

- **부하 직원을 제대로 지도하지 못하고 있다:** 부하 직원의 업무 수행을 지원하면서 능력을 최대한으로 발휘할 수 있게 하는 것 역시 리더에게 요구되는 중요한 역할 중의 하나이다. 그런데 이 사실을 잘 알고 있으면서도 하루하루 바쁘게 돌아가는 업무에 파묻혀 있다 보면 부하 직원들을 지원하고 지도할 시간을 내기가 쉽지 않다. 이럴 경우 상사는 "요즘 젊은 사원들은 왜 이렇게 성장이 느린지 모르겠다니까. 대체 현장에서 어떻게 지도하고 있는 거야!?"라며 리더에게 책임을 물을 수 있다.

- **조직의 업무 분위기를 주도하지 못하고 있다:** 직장 내의 커뮤니케이션을 더 원만하게 유지하고 의욕을 불러일으키기 위해서는 직원들의 의견을 존중하고 반영하는 상향식 접근법도 중요하지만, 리더가 중심이 되어서 일을 주도적으로 추진하며 직원들의 사기를 북돋울 필요도 있다. 만약 상사에게서 "조직 안에서 다양한 불만이 리더인 자네를 건너뛰고 부장인 내게 직접 올라오고 있네. 전임자가 있을 때는 이런 적이 한 번도 없었는데 어떻게 된 일인가?"라는 말을 듣는다면 리더는 자신이 팀을 주도하고 있는지 생각해볼 필요가 있다. 당신이 생각하는 것 이상으로 부하 직원이 느끼고 있는 불만이나 조직 내의 문제점이 상당히 심각할 수 있다.

• 조직 간의 업무 소통이 되지 않는다: 조직 간의 업무 소통이란 기업의 비전이나 목표를 위해 조직과 조직 사이의 업무를 조정하는 것인데, 리더가 실무에만 몰두하고 있으면 다른 조직과의 업무 분할이나 조정에 쏟을 시간적 여유를 가질 수 없다. 그럴 경우 부하 직원들은 "조직 간의 조정이나 교섭은 우리가 할 수 있는 일이 아닌데, 리더가 그걸 해주지 않으니 일을 진행할 수가 없어"라며 불만을 표현하게 된다.

• 회사의 사업 방향을 제대로 전달하지 못하고 있다: 회사의 방침이나 사업 방향, 그리고 그 목적 및 배경을 완벽하게 이해해서 부하 직원들에게 전달하는 것이 리더의 역할 중 하나이다. 요즘 젊은 직원들은 특히 회사의 생각이나 업무의 배경을 구체적으로 이해한 후에 자신의 업무를 수행하려는 경향이 강하다. 하지만 이런 부하 직원들의 바람에 부응하는 리더는 많지 않은 것이 현실이다.

• 조직 전체의 변화를 추진하지 못한다: 리더에게는 자신이 담당하고 있는 업무뿐만 아니라 좀 더 넓은 시각에서 기업의 전반적인 업무를 바라보고, 변화와 개혁을 주도적으로 추진해나갈 것을 요구받는다. 그래서 상사도 "리더는 경영의 한 축을 담당하는 존재이니 자신의 업무에만 파묻혀 있지 말

고 좀 더 높은 곳에서 바라보게!"라고 말하곤 한다. 하지만 리더의 입장에서는 할 일이 쌓여 있는 상황에서 넓은 시각으로 회사의 전반적인 업무까지 파악하기 힘든 경우가 많다. 하지만 그것을 어떻게든 해내는 것이 리더의 역할임을 잊어서는 안 된다.

- 자신의 업무를 해낼 시간적 여유가 없다: 리더는 플레이어로서 자신의 담당 업무도 이전보다 더 탁월한 수준으로 해낼 것을 안팎으로 요구받는다. 실무를 하는 동시에 조직 관리까지 맡아야 하는 국내 기업에서는 리더에게 "조직 관리가 제대로 되고 있지 않잖아!"라며 관리의 책임을 묻는 동시에 실무에서도 높은 성과를 요구한다. 부하 직원 역시 리더로서 업무의 모범 사례를 보여주기를 바라지만, 자신의 업무에 조직 관리까지 완벽하게 해내는 것은 쉬운 일이 아니다.

물론 이와 같은 리더의 책임을 완벽하게 해내는 사람은 드물 것이다. 하지만 리더가 일개 담당자로 실무에 몰입하면서 이런 책임들을 다하지 못하고 있다면 문제가 될 수 있다. 또한 '이 정도는 부하가 할 수 있을 텐데…'라고 생각하면서도 시간이 없다는 이유로 일을 맡기지 못하는 상황이 계속되는 것은 리더가 관리자보다 플레이어로서의 역할에 가치를 두고 있기 때문이다.

다른 사람에게 일을 맡긴다는 것은 위험을 수반하는 일인데, 자신이 맡은 실무에 중점을 두고 있는 리더는 위험을 감수하기를 주저하며 자신이 플레이어로서 안정적인 성과를 내는 것이 계속 리더의 자리를 지키기 위한 길이라고 생각한다. 그러나 회사(임면권자)의 입장에서 생각하면 그래서는 리더로 임명한 의미가 없으므로 결국 리더가 아닌 플레이어로서 활약할 수 있는 직책으로 이동시키려고 할 것이 틀림없다.

'부하 직원의 업무를 대신 하는 것이 즐겁다'는 발상도 마찬가지이다. 더 많은 업무를 처리하는 것이 회사에 공헌하는 길이며, 자신의 능력이나 경험치의 향상으로 이어진다는 믿음이 밑바탕에 자리하고 있는 것이다. 물론 그 생각 자체는 틀렸다고 말할 수 없지만, 회사가 리더에게 요구하는 바가 정말로 그것이 맞는지 스스로에게 물어보자.

다만 인사 제도가 실무에 더 집중하도록 만드는 경우도 있다. 가령 BtoC 비즈니스에 성과급을 도입한 기업의 경우, 개인 성적이 성과급과 연동되어 있다면 아무리 조직을 맡은 책임자라 해도 자신의 실적을 만들기 위해 분주하게 움직일 수밖에 없다. 조직의 책임자로서 높은 인사 평가를 받는 것보다 하나라도 더 많이 파는 편이 더 많은 급여를 받을 수 있으니 당연한 일이다.

[유형2] 소심 걱정형 리더
보고받지 않으면 불안하다

> **소심 걱정형 리더**
> 부하 직원이 어디에서 무엇을 하고 있는지 항상 신경 쓰여서 견딜 수가
> 없다. 혹은 부하 직원에게 수시로 보고를 받지 않으면 안심이 되지 않는다.

이 유형은 소심하고 걱정이 너무 많은 까닭에 일을 맡기는 데 서툴 가능성이 높다. 여유가 없고 사소한 일에도 조바심을 내는 걱정병은 실제로 조직에 큰 낭비를 발생하게 만들 수 있다.

이 유형에 속하는 사람에게는 한 가지 질문을 더 하고 싶다. "당신이 어제 했던 모든 업무의 목적을 명확하게 대답할 수 있습니까?" 만약 이 질문에 대한 대답이 "No"라면 '과다 생산의 낭비'가 발생하고 있을 가능성이 있다. '과다 생산의 낭비'란 필요

하지 않은 업무까지 과도하게 만들어내서 하거나 지나치게 서둘러서 일을 해치워버리는 것을 말한다. 이런 방식으로 일을 하는 이유는 작은 일에도 마음을 졸이며 여유를 갖지 못하는 걱정병이 있기 때문이다.

이것은 직장 안에서 벌어지는 출세 경쟁의 부작용이기도 하다. 가령 사장이 부서장에게 10만큼의 업무를 지시했다고 가정하자. 부서장은 만약의 경우에 대비하려는 마음에 사장이 시킨 10만큼의 업무를 14 정도로 만들어서 자기 아래에 있는 부장에게 지시한다. 사장의 지시대로만 일을 할 경우에 업무 보고 자리에서 사장이 "그러면 이럴 경우는 어떻게 되나?"라고 미처 준비하지 못한 부분에 대해 물어볼 때 "그것까지는 조사하지 못했습니다"라고 대답할 수밖에 없기 때문이다. 이래서는 경영 간부로서의 자질을 의심받게 된다. 지시받은 것 이상으로 부가가치를 만들어낸 다음 보고하는 것이 출세의 법칙이기 때문이다.

그런데 이 사고 패턴은 여기에서 끝나지 않는다. 14의 업무를 지시받은 부장은 다시 18만큼의 업무로 만들어 과장에게 지시한다. 부장 역시 만약의 경우를 대비하기 위해서 필요 이상의 업무를 과장에게 지시하는 것이다. 그리고 과장이 실무를 담당하는 부하 직원에게 명령할 때쯤에는 업무가 20 이상이 되어 있을 가능성이 높다. 이런 사고 패턴이 회사 전체에 작동한다면 엄청난 규모의 '과다 생산'이 발생할 수밖에 없다.

내가 하는 중요한 업무 중의 하나는 클라이언트의 인사 과장과 함께 임원 회의용 프레젠테이션의 내용을 검토하는 것이다. 그런데 인사부 직원들의 이야기를 들으면 프레젠테이션의 내용이 확정된 다음에도 '과다 생산'에 쏟는 시간이 엄청나다고 한다. 단순히 프레젠테이션의 내용만을 준비하는 것이 아니라, 프레젠테이션 이후에 임원 개개인이 질문할 것 같은 사안을 예상해서 또 다시 자료를 준비하고 표현 방법을 고민하는 등 방대한 예상 문답용 자료까지 만들어야 한다는 것이다.

이것은 상사에게 잘 보이기 위한 것만은 아니다. 경기 침체가 계속되면서 많은 기업이 비용 절감이나 품질 향상을 위한 경쟁에 돌입하게 되었다. 그 결과 기업은 현장의 리더뿐만 아니라 모든 사원에게 고객이 요구하는 것 이상의 부가가치를 만들어낼 것을 요구하게 되었다. 그 사이에 IT 산업의 발전이나 기술의 진보 등으로 1인당 생산성은 크게 높아졌다. 그럼에도 1인당 노동 시간이 줄어들지 않는 이유는 이런 과잉 생산 때문에 새로운 업무가 발생하고 있기 때문이다.

이런 사고방식을 가지고 있는 리더는 수시로 보고를 요구하는 경향이 강하다. 이메일이나 일간 회의, 주간 보고 등 정해진 절차에 따라 보고받는 것에 만족하지 못하고 "그건 어떻게 되었나?"라며 시시때때로 보고를 요구하는 까닭에 부하 직원들도 그런 리더의 요구에 맞추기 위해 불필요한 업무를 하게 된다.

[유형3] 방임형 리더

각자의 일은 각자 알아서

> **방임형 리더**
> 어떤 업무가 부하 직원에게 도전적인 것이고, 어떤 부분이 어렵게 느낄
> 업무인지 알지 못한 채 그냥 업무를 맡긴다.
> 좀 더 정확히 말하면 부하 직원의 업무에는 관심이 없다.

이런 유형은 부하 직원에게 일을 맡길 때 '방임'과 '위임'을 구분
하지 못하고 있는 '방임형'일 가능성이 높다.

● **위임, 방임 혹은 떠넘기기**

'위임'은 부하 직원의 능력을 신뢰하고 업무를 맡기
는 것을 말한다. 하지만 맡긴 업무의 의미, 시기, 방식, 보고의 타

이밍을 제대로 확인하지 않는다면 '떠넘기기'라는 말을 들을 수밖에 없다. 어쨌든 업무 결과에 대한 책임은 일을 맡긴 리더가 져야 한다. 문제가 발생했을 때 리더가 마치 부하 직원이 멋대로 일을 처리했다는 듯이 "저는 몰랐습니다"라고 변명을 한다면 자신이 '무책임하게 일을 떠넘기는 리더'임을 스스로 증명하는 셈이 된다.

따라서 리더는 업무 결과의 책임은 자신에게 있더라도 업무수행의 책임은 부하 직원에게 있다는 사실을 분명하게 이해시킬 필요가 있다. 그렇지 않으면 부하 직원은 '책임은 리더가 질테니까 나는 그냥 시키는 일만 하면 돼'라는 마음가짐으로 업무를 수행하게 된다. 이는 상사들의 방임 혹은 떠넘기기와 다를 것이 하나도 없다. 그러므로 일차적인 업무의 책임은 부하 직원에게 있음을 부하 직원에게 이해시키고, 조금 어려움이 있다고 해서 안일하게 도움을 주어서는 안 된다. 그런 시련을 스스로 해결하는 과정에서 부하 직원은 그 업무의 책임이 자신에게 있음을 깨닫게 된다.

그렇다면 '방임'과 '떠넘기기'의 차이는 무엇일까? 기본적으로 일을 맡길 상대(의 상황)에 대해 전혀 생각하지 않고 업무를 맡기는 것이 '방임'이다. 반면에 업무의 처리 시간이나 양, 수준을 고려했을 때 그 사람이 도저히 처리할 수 없는 업무를 '맡기는' 것은 위임이 아니라 '떠넘기기'라고 할 수 있다.

● 방임형 리더를 만드는 인사 제도

적어도 리더로 임명될 정도라면 방임형이라고는 해도 우수한 리더임에 틀림이 없다. 그럼에도 방임형 리더가 나오는 원인은 인사 제도의 운용에 있다. 조직 내부에서 승진의 기준이 부하 직원을 육성하고 성과를 내게 할 수 있느냐가 아니라 지금까지 개인이 올린 성과에 중점을 두고 있기 때문이다. 특히 성과주의 인사가 주류가 된 이후 조직을 관리하거나 후배를 키우는 등의 준비 기간 없이 개인의 실적만으로 리더가 되는 경우가 늘고 있다. 경험이 있든 없든 일단 직장의 리더가 되면 부하 직원들은 리더가 동기를 부여해주는 존재가 되어줄 것을 기대한다. 그러나 슬프게도 방임형 리더의 본질은 '타인에게 관심이 없다'는 것이다.

● 조직을 방임하는 리더의 한계

실무에 뛰어나고 우수한 성과를 내온 방임형 리더는 우수한 부하 직원의 잠재력을 끌어낼 수 있다. 이른바 상사가 일하는 방식을 보며 부하 직원도 성장하는 것이다.

타인에게 관심이 없어도 우수하다고 평가받는 사람의 특징은 '목표 지향성(반드시 목표를 이루어내겠다는 의지를 가지고 성과를 내는 힘)', '정보 수집력(전적·양적으로 집요하게 정보를 수집하고 깊게 파고드는 힘)', '분석적 사고력(원인과 결과의 인과관계를 파고들고 대응책을 마련하는 힘)', '학습 의욕' 등 혼자 힘으로 일을 완수해내는 능력이 뛰어나다는 것이다.

우수한 부하 직원에게 이런 능력을 가진 리더는 롤모델로서 벤치마킹하고 싶은 존재라고 할 수 있다. 하지만 우수한 부하 직원이 없는 조직에 우수한 방임형 리더가 있다면 조직 전체의 사기도 오르지 않고 실적도 장담할 수 없는 상태가 되어버릴 가능성이 높다. 혹은 반대로 리더가 가르쳐주지 않기 때문에 직원 개개인이 자율적이고 독립적으로 업무를 해나가는 조직이 될 가능성도 있지만, 최근 젊은 세대의 특성을 볼 때 그럴 가능성은 극히 적다.

또한 방임형 리더는 처음부터 타인에게 관심이 없는 까닭에 기술이나 일하는 모습을 보여줄 수는 있어도 부하 직원의 특성을 파악해서 잠재력을 이끌어내는 데는 관심이 없다. 이런 리더들은 '경청'이나 '코칭' 같은 커뮤니케이션 연수에 참가시켜도 효과를 기대하기 어려운 경우가 많다.

[유형4] 속수무책형 리더
만약의 상황에는 멘붕일 수밖에

속수무책형 리더
일을 맡긴 뒤에 일어날 수 있는 최악의 경우를 예상하지 않는다.
혹은 그에 맞는 대안을 미리 생각해두지 않는다.

맡긴 업무가 생각대로 진행되지 않을 때 허둥지둥하며 전혀 해결책을 제시하지 못하는 리더가 있다. 최악의 경우 문제를 해결하기 위해 팀원 전부가 동원되기도 한다. 이런 유형은 '속수무책형'일 가능성이 높다. 예상하지 못한 최악의 경우가 발생하는 것은 앞에서 언급한 방임형 리더가 계속 일을 떠넘겼기 때문일 수 있다. 애초에 '떠넘긴다'는 행위는 상사가 업무 자체나 그 배경에 관해 잘 모르는 상태에서 부하 직원에게 맡기는 것이기도 하다.

● '가설 사고'가 없으면 속수무책이 된다

이 유형은 업무를 진행할 때 '가설 사고'가 부족한 이들이다. 일반적으로 사람은 어떤 결론을 내리기 전에 최대한 정보를 모으려고 한다. 정보가 많을수록 좋은 답을 낼 수 있다고 생각하기 때문이다. 그리고 수집한 정보를 분석해 과제의 본질을 파악한 다음, 해결책을 찾아내려 한다. 이것은 문제를 해결하는 가장 교과서적인 방법이다.

그러나 현실은 언제나 책에서 배운 대로 움직이지 않는다. 특히 점점 더 복잡해지고 있는 최근의 비즈니스 환경에서는 충분한 정보가 없는 상태에서 전반적인 문제의 원인이나 그에 대한 해법을 생각하는 '가설 사고'라는 사고 습관이 비즈니스 스킬로서 중시되고 있다. 눈코 뜰 새 없이 변화하는 경제 흐름 속에서 정보 수집을 위한 충분한 시간이 주어지지 않는 경우가 점점 많아지고 있기 때문이다. 그만큼 리더에게는 자신만의 시각으로 가설을 세우고 대책을 마련하는 능력이 중요해지고 있다.

가설 사고가 결여된 사람은 업무를 수행할 때 다음의 세 가지를 생각하지 않는 경우가 많다.

첫째, 자신 혹은 조직이 설정한 목표를 완수했을 때의 결과물에 대한 이미지를 가지고 있지 않다.

목표를 완수했을 때의 구체적인 이미지(가설)를 설정하지 않으면 목표를 이루었다고 말할 수 있는지 판단하기가 어렵다. 가령 '매출 10억 원 달성'이라는 수치적인 목표는 이해하기 쉽지만, 더 세부적으로 '신제품 ○억 원, 기존 제품의 개량 버전 ○억원, 기존 제품의 원가 절감 ○억 원'과 같이 구체적인 이미지를 설정하는 것은 쉽지 않다. 과거의 데이터를 바탕으로 제품이나 지역별로 얼마나 매출을 올릴 수 있을지에 대한 가설을 설정하고, 그것을 달성하기 위한 방법을 세운다는 생각이 없으면 어떤식으로든 숫자만 달성하자는 생각에 무계획적으로 조직을 운영하게 된다.

둘째, 직무를 수행할 때 예상되는 장애물이 무엇인지 생각하지 않는다. 리더라면 업무를 진행하는 과정에서 어떤 문제나 어려움에 부딪힐 수 있는지 미리 생각해서 대비책을 생각해두어야 한다. 적어도 처음에 세운 목표대로 전개된다면 어느 정도 문제가 발생한다고 해도 예상 범위 안에서 처리할 수 있다. 하지만이런 예상 없이 업무를 진행한다면 사소한 문제에도 허둥지둥하며 문제를 크게 키울 수 있다.

셋째, 계획대로 진행되지 않았을 때 어떤 대안이 있는지를 생각하지 않는다. 이런 경우 여러 종류의 가설을 설정하고 다양한대처법을 생각해놓는 것이 중요한데, 속수무책형 리더는 두 번째와 세 번째 가설을 세우지 않거나 안일하게 세우는 탓에 좌충 우돌하며 큰 소동을 일으킨다.

● 대안이 필요한 이유

중요성을 인식하고 있으면서도 자꾸 소홀하게 되는 것이 중요한 데이터의 백업이다. 이런 일은 평소에 신경을 쓰지 않으면 만에 하나의 사태가 발생했을 때 큰 타격을 입게 된다. 그리고 문제가 발생한 뒤에 후회한들 엎질러진 물은 주워 담을 수 없다.

부하 직원에게 일을 맡길 때도 마찬가지여서, 리더는 앞에서 말한 '계획대로 진행되지 않았을 때의 대안'을 갖고 있어야 한다. 이처럼 계획에서 벗어난 상황에 대한 대안을 가지고 있는 것에는 다음과 같은 세 가지 이점이 있다.

첫째, 긴급 상황에서 냉정한 판단을 할 수 있다. 가령 경리나 영업 등의 업무를 맡고 있는 담당자가 예상치 못한 사정으로 장기간 자리를 비우게 되더라도 지원할 수 있는 인원을 미리 준비 해놓거나 업무를 매뉴얼화하고 체크 리스트를 마련해두면 혼란을 최소화하며 냉정하게 판단해 대처할 수 있다.

둘째, 직원들의 능력 향상을 가져온다. 이것을 다른 말로 하면 '멀티플레이어화'라고 할 수 있다. 각각의 직원이 다양한 업무를 처리할 수 있는 능력을 갖추는 것이다. 각기 업무 내용이 다른 사람들로 구성되어 있는 조직은 옆자리에 있는 동료의 업무에 관심이 없는 경우가 많다. 이 상태에서는 직원들의 전문성은 키울 수 있을지 몰라도 업무의 확장을 기대할 수는 없다. 반면에 여러 사원들이 자신의 주요 업무뿐만 아니라 다른 사람의 업무까지도 지원할 수 있는 체제를 만든다면 개인의 능력 향상을 실현할 수 있다.

셋째, 업무 효율화의 기회가 된다. 지원 업무를 맡음으로써 주요 업무의 수행 과정을 이해하고 자기 업무의 필요성을 깨닫게 되는 경우가 적지 않다. 단순히 업무를 지원하는 것이 목적이었다고 해도 전반적인 업무 진행 과정을 재검토하면서 효율적인 업무 진행 과정을 찾아가는 계기가 될 수 있다. 리더는 그런 기회를 놓쳐서는 안 된다.

[유형5] 부不적재 부不적소형 리더
적임자가 누구인지 모르겠음

부적재 부적소형 리더
조직이나 팀의 성공에 핵심이 되는 업무의 적임자가 누구인지 알지
못한다. 적임자에게 일을 맡겼다고 자신 있게 말하지 못한다.

이런 리더는 너무 쉽거나 너무 어려운 업무 혹은 뜬금없는 일을
맡겨서 부하 직원의 의욕을 떨어뜨리는 '부(不)적재 부(不)적소
형'일 가능성이 높다.

● **적재적소는 없다**
인사부의 임무는 우수한 인재를 채용하고 그 인재

를 적재적소에 배치하는 것이다. 그리고 이것은 인사부의 영원한 과제이기도 하다. 하지만 애초에 완벽한 채용은 있을 수 없다. "저는 우수한 인재입니다. 귀사를 위해 온힘을 다하겠습니다"라며 자신의 능력을 20~30퍼센트 부풀려서 홍보하는 구직자와 "저희는 대단한 회사입니다"라며 자사의 매력을 20~30퍼센트 부풀려서 말하는 구인 기업 사이에서 벌어지는, 속고 속이는 싸움이기도 하다.

채용한 뒤에도 직원들마다 잘하는 분야와 못하는 분야가 있는가 하면 적성도 저마다 다르다. 능력에도 차이가 있고, 의욕을 자극하는 부분도 제각각이다. 세대 간에 삶이나 일에서 보람을 느끼는 분야도 차이가 심할 뿐만 아니라 가치관도 천차만별이다. 최근에는 여기에 근무지나 근무 시간의 제한도 있는 까닭에 인재를 적재적소에 투입하는 일은 더욱 복잡해졌다.

이렇게까지 인사 관리가 복잡해지면서 인재를 '적재적소'에 배치하는 것보다 어디까지 타협할 수 있느냐의 문제가 더 중요해지고 있다.

나는 20년 이상 수많은 업계에서 대기업부터 영세기업에 이르기까지 다양한 기업에 컨설팅을 해왔다. 그러나 적재적소에 직원을 배치했다고 말할 수 있는 회사나 조직은 단 한 번도 본 적이 없다.

부하 직원의 강점을 파악하려고 노력하고 있는가?

조직 관리나 인재 육성에 관한 책들을 보면 리더에게 "부하 직원의 강점에 초점을 맞추세요!", "약점은 무시해도 좋으니 강점을 찾아내려 노력하세요!"라고 말한다. 부하 직원의 경험치를 이해하고 말과 행동을 관찰해서 강점을 파악한 다음 그 강점을 살릴 수 있는 일을 맡길 수 있다면 분명히 최소의 노력으로 최대한의 효과를 얻을 수 있을 것이다. 아울러 부하 직원도 강점이 있는 영역에 전념할 수 있다면 전문성을 키울 수 있게 된다.

그러나 실제로 리더급 인재에게 이에 관해 물어보면 "위에서 내려오는 업무의 양이 너무 많기 때문에 부하의 강점이나 약점 같은 걸 고려하면서 시킬 여유가 없습니다"라는 푸념이 돌아온다. 또한 "요즘 세대는 우리하고 달라서…"라며 먼저 적극적으로 사원들의 강점이나 약점을 파악하려 노력하지 않는 측면도 있다. 특히 '개인 정보 보호'가 화제가 된 뒤로 그런 경향이 뚜렷해졌다. 하지만 조직을 관리하는 리더가 부하 직원의 강점, 약점, 능력, 적성, 지향점, 흥미 등에 관심을 갖지 않는다면 부적재 부적소형 리더가 될 수밖에 없다.

● '강점을 살리는' 지도의 함정

직원의 강점을 살린다는 발상에도 함정은 있다. 부하 직원의 강점을 활용하는 데 과도하게 초점을 맞추면 점점 강도가 높아지는 직무 환경의 변화를 따라잡지 못하는 많은 인재가 회사를 떠날 수도 있다.

책이나 비즈니스 잡지 등에서는 다양한 연구기관이 발표하는 데이터를 바탕으로 '인공 지능이나 로봇에 대체될 가능성이 높은 직업 100종' 등을 소개하고 있다. 앞으로 90년대생들이 실무를 맡게 되는데, 그들은 초등학교에 다닐 때부터 하기 싫은 것은 하지 않아도 되며 중요한 것은 자신의 마음이라는 교육을 받으며 성장했다. 한편 40대 이상의 세대는 하기 싫은 일이나 자신 없는 업무도 어떻게든 극복하고 해내야 한다는 마음으로 회사 생활을 해온 이들이다. 다시 말해, 현재의 '강점 교육'이 과도하게 강조되면 약한 부분도 어떻게든 해결하려 노력하면서 회사에 적응하려는 마음은 약해질 것이 틀림없다.

체크리스트

'이 정도는 부하가 할 수 있을 텐데…'
라고 생각할 때가 많다. 혹은 부하
직원의 일을 대신 하는 것이 즐겁다.

YES

부하 직원이 어디에서 무엇을 하고
있는지 항상 신경 쓰여서 견딜 수가
없다. 혹은 수시로 보고를 받지 않으면
안심이 되지 않는다.

YES

맡긴 업무의 어떤 부분이 부하 직원에게
도전이 되고, 어떤 부분을 어렵게
느낄지 알지 못한다.

YES

일을 맡긴 뒤에 일어날 수 있는 최악의
경우를 예상하지 않는다. 또한 그에
맞는 대안을 생각해놓지 않는다.

YES

조직이나 팀의 성공에 핵심이 되는
업무의 적임자가 누구인지 알지
못한다. 적임자에게 일을 맡겼다고
자신 있게 말하지 못한다.

YES

나는 일을 맡기는 데 능숙한 사람인가, 서툰 사람인가?

유형	특징
플레이어형 리더	본래 부하 직원에게 맡겨야 할 일을 맡기지 않고 리더 본인이 대신 처리해 버린다.
소심 걱정형 리더	부하 직원에게 일을 맡기기는 했지만 완전히 일임하지 못하고 수시로 참견하거나 제멋대로 예정에 없는 보고를 요구한다.
방임형 리더	부하 직원에게 지시했던 업무에 대해 필요한 지원을 해주지 않는 탓에 맡긴 업무가 (항상) 완수되지 않거나 기대했던 수준에 미치지 못한다.
속수무책형 리더	맡긴 업무가 생각대로 진행되지 않았을 경우 매번 허둥지둥하며, 최악의 경우에는 문제 해결을 위해 팀 전원을 동원하고 만다.
부(不)적재 부(不)적소형 리더	너무 쉽거나, 너무 어렵거나, 뜬금없는 일을 맡겨서 부하 직원의 의욕을 떨어뜨린다.

HOW DOES
A LEADER
WORK?

제 2 장

8가지 유형별 직원에게
일을 잘 맡기는 방법

난감한 부하 직원에게
일을 잘 맡기는 5가지 원칙

● 　　　부하 직원에게 일을 맡기지 못하는 이유는 우선 일을 맡기는 기본적인 원칙을 알지 못하기 때문이고, 원칙을 알더라도 그것을 잘 지키지 못하기 때문이다. 또한 기본적인 원칙을 그대로 적용해서는 통하지 않는 사례가 많기 때문이기도 하다. 일을 맡기는 데는 부하 직원의 유형에 따라 무수히 많은 패턴이 있을 수 있고, 모든 부하 직원이 긍정적이며 우수한 것은 아니다. 따라서 유형에 따라 원칙을 응용해서 적용할 필요가 있다. 우선 이 장에서는 일을 맡기기 난감한 유형의 부하 직원에게 일을 맡기는 방법에 대해 알아볼 것이다. 그 전에 먼저 일을 맡기는 데 필요한 다섯 가지 원칙을 알아보자.

● 원칙1_업무를 완수하는 것이 우선이다

리더에게 요구되는 가장 중요한 역할은 성과를 내는 것이다. 부하 직원을 교육하는 것 또한 중요한 부분이기는 하지만, 이는 어디까지나 지속적으로 성과를 내기 위한 수단이다. 부하 직원을 가르치는 것은 성과를 올리기 위한 수단이지 목적이 아님을 분명히 해야 한다. 따라서 부하 직원의 능력과 경험 수준을 냉정하게 파악하고 그에 맞는 혹은 그보다 낮은 수준의 업무를 맡기는 것이 원칙이다. 부하 직원의 성장을 바라면서 성과가 나올 때까지 참고 기다리며 계속 일을 맡길 수 있다면 이상적일 것이다. 하지만 리더의 마음과 예산에 여유가 없는 상황에서 이상만을 좇다가는 리더 자신이 먼저 지쳐 자포자기 상태에 빠지고 만다.

업무를 맡길 때에는 도전 요소를 배제하고 확실하게 해낼 수 있는 수준의 업무를 부여한다. 설령 그 업무가 직원의 조직 내 위치에 비해 작은 일이라 하더라도 그 직원의 기분보다는 업무를 완수하는 데 목표를 두어야 한다.

또 한 가지 중요한 점은 수준에 맞는 업무를 맡기고 있음을 부하 직원에게 명확히 전달하는 것이다. 만약 난감한 부하 직원이 '주임'이라는 자리에 있다면 주임에게 요구되는 업무나 업무 목표를 부여하고 그 성과를 평가한다. 이것이 일반적인 인사 평가 제도이다. 그러나 그 부하 직원이 주임의 역할을 해낼 능력이 없는 것이 명확할 경우, 그 직원이 해낼 수 있는 (혹은 해낼 수 있을 것 같은) 업무를 주지 않으면 조직 전체의 노동 생산성이 떨어져버 린다. 요컨대 불필요할 정도로 자주 업무 진척 상황을 점검하고 지도해야 하는 상황이 발생할 수 있다. 또한 부하 직원에게도 자 신이 해낼 수 없는 업무에 몰두하면서 무의미하게 노력해야 하 는 일이 발생할 뿐만 아니라 리더가 책임져야 하는 (실패의) 리스 크도 커진다.

● 원칙2_100퍼센트의 성과를 기대하지 않는다

아무리 목표의 수준을 낮췄다고 해도 난감한 부하 직원이 맡은 업무를 100퍼센트 해내리라고 믿어서는 안 된다. 물론 부하 직원에게 "자네는 믿을 수 없어" 같은 말을 해서는 안 되지만, 그 부하 직원은 지금까지 수없이 당신의 기대를 맞추지 못했을 것이다. 따라서 그 직원이 60~70점의 성과만 올려도 팀 이 돌아가도록 미리 대비책을 마련해두는 것이 현실적인 대응 이라고 할 수 있다.

다만 이것이 일을 맡기기 난감한 부하 직원에게는 전혀 기대 를 해서는 안 된다는 의미는 아니다. 기대한 만큼 성과를 올리지 못하는 부하 직원이나 후배가 근처에 있다는 사실만으로도 화가 나기 마련이지만, 이것은 상대의 역량을 뛰어넘는 과도한 기대를 품고 있기 때문이기도 하다.

'시간을 내서 가르쳐줬으니 제대로 처리하겠지.' '이제는 어느 정도 업무를 파악했으니, 그 정도는 알아서 할 수 있겠지.' '신입 사원도 아닌데, 그 정도는 눈치껏 알아서 하겠지.' 흔히 이런 기대를 하지만, 막연하게 기대하기보다는 다음과 같이 생각하려고 노력할 필요가 있다.

먼저, 세상에는 누구나 인정하는 좋은 대학을 나왔지만 업무 능력이 떨어지는 사람도 있다는 것을 이해하는 자세가 필요하다. 학력은 어디까지나 입학시험에서 좋은 성적을 올린 결과일 뿐이다. 사람의 특성은 그렇게 쉽게 바뀌지 않으며, 성장을 하는 데에는 시간이 걸린다는 사실을 인정해야 한다. 그러지 않으면 신입 사원이 들어올 때마다 실망하게 된다.

또한 모든 사람에게 좋은 사람이라고 인정받으려는 존중 욕구를 버리는 것도 중요하다. 누구나 다른 사람에게 호감을 사고 싶기 마련이지만, 짜증나는 상대에게까지 호감을 사려고 해서는 더 큰 스트레스에 시달릴 뿐이다.

어떤 조직에나 눈치 없는 사람이 어느 정도는 존재한다는 사실을 이해해야 한다. 앞으로는 남녀나 인종 등을 포함해 다양한 사람들을 인정하는 다이버시티 매니지먼트의 시대가 펼쳐질 것이다. 그에 따라 상대가 우리나라 사람이든 외국인이든, 일을 잘하는 사람이든 못하는 사람이든 일을 맡길 때 상대방의 입장에서 이해할 수 있도록 명확하게 업무를 지시하는 능력의 중요성이 계속 높아지고 있다는 사실을 잊지 말아야 한다.

또한 다른 사람에게 나의 상식을 강요하지 않도록 주의해야 한다. "인사도 제대로 안 하고 먼저 돌아가는 놈이 어디 있나!"와 같은 말을 한들 아무런 의미가 없다. 중요한 지시 사항은 확실하게 전달해야 하지만, 무시하고 넘어갈 수 있는 수준의 문제까지 굳이 지적할 필요는 없을 것이다.

● 원칙3_한 번은 개선할 기회를 준다

한 번 기대한 성과를 올리지 못했다고 해서 그 사람의 성장이나 역할을 포기하는 것은 아직 이르다. 과도한 기대는 조직이나 본인에게 불행한 결과를 초래하지만, 주위 사람들이 모두 그 사람을 포기하고 무시한다면, 난감한 직원은 더더욱 난감한 직원이 되어버린다. 그렇다고 회사에서 그 직원을 특별히 신경 써주는 것도 아니다. 회사에서는 "어떻게든 그 사람을 잘 써주게! 그게 리더인 자네의 역할이야"라고 말할 뿐이다.

그렇다고 기대치를 밑도는 채로 방치해버리면 난감한 사원은 낮춘 기대치에도 미치지 못하는 상태에 빠져 팀의 골칫거리가 되어버릴 가능성이 높다.

그 직원이 실력을 발휘하지 못하는 데에는 그 나름대로의 원인이 있을 것이다. '단순히 능력이 부족한 것인가?', '의욕을 잃게 된 계기는 무엇인가?', '이전 상사와의 사이에서 무슨 일이 있었는가?', '자신감을 잃어버린 것은 아닌가?', '자존감이 낮은 것인가?' 등 그렇게 된 요인을 구체적으로 물어보거나 어떻게 하면 개선할 수 있을지 이야기를 나누거나 상담을 해줄 시간을 확보하기 바란다. 어쩌면 이번에 맡긴 업무가 행동이나 태도의 개선으로 이어지는 계기가 될 수도 있다.

통계적으로 증명된 것은 아니지만 기업의 인사과 사람들에게 이야기를 들어보면, 어떤 상사에게 계속 무능력자 취급을 받는 사원이라도 상사가 바뀔 경우 그중 20퍼센트 정도는 새로운 모습을 보인다는 의견이 많았다. 20퍼센트라는 숫자는 미묘하지만, 구인 사이트의 '진짜 이직 및 퇴직 이유'에서 '상사와의 인간관계'가 항상 1위를 차지하고 있는 것을 보면 상사와의 관계가 낮은 생산성의 원인일 가능성도 무시할 수 없다. 따라서 상사로서는 기대치를 낮추더라도 개선의 가능성이나 계기를 생각해두는 것이 좋다.

다만 원인의 파악은 신속해야 한다. 개선이 어렵다고 판단된다면 맡긴 업무의 성공을 최우선으로 생각하는 방향으로 전환해야 한다.

원칙4_난감한 직원에게 너무 많은 시간을 쏟지 않는다

리더라면 부하 직원 한 사람 한 사람에게 균등하게 시간을 분배해서 업무를 지도해야 하는 것이 원칙이다. 하지만 업무를 진행하다 보면 난감한 사원에게 더 많은 시간을 들이는 경우가 많다. 성장이 기대되는 우수한 부하 직원은 내버려둬도 나름대로 원만하게 업무를 처리하며 성과를 내므로 그다지 시간을 들일 필요가 없기 때문이다.

초보 리더 혹은 부하 직원을 생각하는 성실한 리더일수록 이런 경향이 강하다. 특히 초보 리더는 신임 관리직 연수에서 배운 내용을 하나도 빠짐없이 실천하려고 하다가 이런 함정에 빠지곤 한다. 부하 직원을 제대로 교육시켜 키워내려는 열정을 부정하는 것은 아니다. 하지만 조직의 실적 관리, 자신의 담당 업무, 부하 직원의 지도 등 해야 할 일은 산더미처럼 쌓여 있는 현실에서 이상적인 방법만을 좇다가는 결국 무엇 하나 제대로 해내지 못할 가능성이 높다.

이처럼 한정된 시간에 많은 일들을 처리하면서 부하 직원 모두에게 균등하게 시간을 배분하여 지도하려고 하면 결국 생산성이 낮은 난감한 사원에게 더 많은 시간을 쓰게 된다. 그러나 본래는 반대가 되어야 한다. 기대치가 높은 우수한 부하 직원에게 많은 시간을 들여서 빨리 리더를 보좌하는 위치에 오르게 하고, 좀 더 높은 수준의 업무를 처리하며 업무에 흥미와 도전의식을 갖게 하고 조직에 대한 책임감과 소속감을 느끼게 해야 한다.

모든 직원을 균등하게 시간을 분배해서 지도한다는 것은 한 명 한 명에게 똑같은 시간을 쏟아 가르친다는 의미가 아니다. 인사 평가자 연수에서는 "평가 면담에 최소 1시간 정도는 들이십시오."라고 이야기한다. 하지만 이것은 어디까지나 원칙일 뿐이다. 어떤 부하 직원에게는 2시간을 할애하고, 또 다른 부하 직원과의 면담은 15분 만에 끝내더라도 상관없다. 일을 잘하고 못하고의 순서가 아니라 조직 관리의 측면에서 지금 누구에게 시간을 들여야 할지를 그때그때 판단하여 직원들을 지도하는 것이 중요하다. 앞에서 이야기했듯이, 직원들의 성장이 아니라 목표를 달성하고 성과를 이루는 것을 최우선으로 생각해야 한다는 것을 잊어서는 안 된다.

원칙5_ 업무 성과는 인사 평가에 확실하게 반영한다

맡긴 업무에 관해서는 결과에 상관없이 확실히 피드백을 해야 한다. 좋은 결과를 냈다면 잘한 점을 피드백하고, 그렇지 않다면 앞으로의 과제를 피드백한다.

맡긴 업무가 제대로 진행되지 못해서 어쩔 수 없이 다른 사람에게 일을 맡기거나 담당을 바꾼 경우에도 부하 직원에 대한 피드백은 잊지 말아야 한다. 이때 가장 중요한 것은 업무를 제대로 해내지 못한 직원에게도 마땅히 그가 맡았어야 할 책임에 대해 분명하게 전달하는 것이다. 이와 같이 '책임'을 이해시키는 과정 없이 부하 직원의 현재 수준에 맞는 새로운 업무 목표를 곧바로 지시하는 실수를 저지르는 리더가 많다. 그럴 경우 부하 직원은 자신이 해야 하는 업무보다는 그저 주어지는 일을 해내는 것으로 자신의 책임을 다했다고 착각할 가능성이 있다.

목표 관리의 개념을 도입한 기업의 대부분은 초기에 세운 업무 목표의 달성 여부에 따라 실적을 평가한다. 본래의 역할에 요구되는 책임을 다하지 못했음에도 리더가 그의 책임을 제대로 전달하지 않을 경우, 부하 직원은 '목표 달성도'에만 중점을 두고는 나중에는 '나는 목표를 달성했는데 평가가 왜 이렇게 낮은 거지?'라며 불만을 나타낼 수 있다.

조직의 자원을 배분하고 인재를 육성하고 중기적인 구상을 세울 때에는 부하 직원 개개인의 능력과 상황을 고려하여 현실적으로 유연하게 업무를 맡기게 된다. 하지만 부하 직원의 처우를 결정하는 인사 평가를 할 때에는 목표한 업무의 달성 여부만이 아니라 그 직원이 마땅히 했어야 할 역할과 책임까지 고려하여 판단해야 한다. 다시 말해, 그 사원의 현재 수준과 인사 평가에서 요구되는 책임과의 차이가 클 경우에는 그 점까지도 평가 결과에 확실하게 반영해야 한다. 자신의 위치에 맞는 책임을 다하지 못했는데, 목표를 달성했는지의 여부만으로 좋은 점수를 줘서는 안 된다는 점에 주의해야 한다.

일을 맡길 때의 다섯 가지 원칙을 확인했으니, 이제 부하 직원들의 유형별 대처법을 살펴보도록 하자.

무모하거나 소심하거나

- "혼자서는 불안해요", "저는 못 해요", "도와주지 않으면 무리예요"라고 입버릇처럼 말하는 사원
- 모든 일을 만만하게 생각하며 "이런 일은 하고 싶지 않아요", "좀 더 의미 있는 일을 하고 싶어요"라고 말하는 사원

대처법
혼자의 힘으로 확실히 해낼 수 있는 일을 맡겨서 끝까지 해내는 경험을 하게 한다.

이 유형의 사원은 아마도 지금까지 어리광을 받아주는 사람들 사이에서 성장했을 것이다. 그들에게는 지금까지 자신이 해왔던 업무를 끝까지 해낸 경험 속에서 업무의 의의와 의미를 느끼게 하는 것이 중요하다. 그러려면 이 사원이 끝까지 해낼 수 있

는 수준의 업무를 맡기고, 보고하는 시점까지 알려준 뒤에 어떻게든 포기하지 않고 끝까지 해내게 만들어야 한다.

다만 자칫하면 어리광이 심해지거나 상사에게 과도하게 의존하게 된다. 따라서 도움을 줄 수밖에 없는 상황에서는 도움이 필요한 상황임을 충분히 인식시킨 다음 도와주어야 한다. 도움을 받는 것은 상사나 주위 사람들의 노력과 인건비 등 비용을 발생시키는 중대한 일임을 이해시킬 필요가 있다. 말없이 도와주는 것은 삼가해야 한다.

안일하게 도움을 줄 경우 상사는 당연히 도움을 줘야 하는 존재라는 인식을 갖게 될 수 있다. 만약 확실히 할 수 있는 업무를 맡겼음에도 도와줘야 했다면, 다음에는 더 난이도가 낮은 업무를 맡긴다. 어떻게든 혼자의 힘으로 업무를 완성하게 하는 것을 최우선으로 삼아야 한다.

[유형2] 초성실 터널 시야형 사원
나는 내 일만 한다!

- 성실하지만 주위의 상황이 어떻든 자신이 맡은 업무에만 관심이 있는 사원
- 지시받은 것을 충실히 하는 데만 힘을 쏟는 사원

대처법
부하 직원에게 고려해야 할 지점을 명확하게 지시한다.

자신의 업무에만 관심이 있는 직원에게는 그 사람이 해줬으면 하는 일도 업무에 포함시켜야 한다. 자신이 할 수 있는 일, 자신이 하고 싶은 일, 해야 하는 일로 업무의 개념을 나누어서 제시하고, 지금 자신이 할 수 있는 일은 업무에서 매우 좁은 범위임을 이해시킨다.

이런 사원들은 "팀이니까 주위 사람들을 돕는 건 상식이잖아?", "이 정도는 당연히 스스로 생각해야지" 등의 상식적인 논리로 설명해도 잘 납득하지 못한다. 애초에 이야기가 통할 것을 기대하지 말고 머리로 이해시키기보다 행동이 몸에 배도록 만드는 것을 우선순위로 삼아야 한다.

아직 젊고 개선의 가능성이 보인다면 주위 동료들과 공적, 사적으로 함께할 기회를 만들어 커뮤니케이션 능력을 키우게 한다. 가령 회식 등 압박을 느끼지 않는 상황을 만드는 것부터 시작하는 것이 좋다.

툭하면 "그만둘래!"

> • 일이 조금 어려워지거나 생각대로 진행되지 않으면 다른 사람의 탓으로
> 돌리며 "못해먹겠네"라고 말하는 사원
> • 사소한 일에 자신감을 잃고 "회사 못 다니겠어. 그만둘래"라고 말하는
> 사원
>
> **대처법**
> "그만둘래"라는 말에 대꾸하지 않고 일을 시킨다.

이런 유형은 자신감을 쉽게 잃는 데다 책임을 남에게 돌리는 경향이 있기 때문에 참으로 난감한 사원이다. 일단은 열심히 일에 몰두하도록 격려하면서 성과를 내는 것의 중요성을 깨닫게 해야 한다.

이런 사원은 그가 어렵게 느끼는 업무 혹은 빠른 시간 안에 결

과를 내기 힘든 업무를 맡기기에는 적합하지 않으므로 당분간은 일상적인 업무를 중심으로 확실히 성과를 낼 수 있는 일을 맡기는 것이 바람직하다. 그리고 부하 직원이 어렵다고 느낄 것 같은 부분을 예측해서 지원해줄 준비를 해두어야 한다. 또한 자신감을 잃고 침울해져서 업무를 진행하지 못할 때에는 즉시 지원해줄 수 있어야 한다. 그렇지 않을 경우 이런 사원은 정말 사표를 낼 가능성이 높다. 어떻게 해서든 부하 직원의 불안정한 감정을 잘 조절하여 조금씩 업무를 진행시켜나가도록 해야 한다. 다만 일을 맡기는 리더는 상대방의 불안정한 감정에 과도하게 휘말리지 않도록 주의해야 한다.

이 유형은 정말로 어느 날 갑자기 회사를 그만둘 가능성도 있기 때문에 주의해서 지켜볼 필요가 있다. 하지만 지속적으로 주변 사람들의 의욕까지 떨어뜨린다면 지금 당장 일손이 부족하더라도 무리하게 붙잡아서는 안 된다. 사표를 냈다면 부하 직원의 마음이 변하기 전에 즉시 수리하는 편이 낫다.

[유형4] 트러블메이커형 사원
일을 맡겼다 하면 사고

- 일을 맡기면 어김없이 대인 관계에서 문제를 일으키거나 치명적인 실수, 보안 규정 위반 등의 문제를 일으키는 사원
- 주의력이나 책임감이 크게 부족한 사원
- 언제 봐도 허둥대며 이성적인 판단을 내리지 못하는 사원

대처법
문제를 만들지 않을 정도로 최소한의 업무만을 맡긴다.

최소한의 업무를 맡긴다는 것은 단순히 업무량만을 의미하지 않는다. 난이도가 낮은 쉬운 일이라도 차질이 있으면 치명적일 수 있는 업무는 맡기지 않는다는 뜻이다. 이를테면 개인 정보 데이터와 같은 중요한 자료를 처리하는 일은 맡기지 말아야 한다. 대인 업무에도 참가시키지 않는 편이 좋다. 정보의 유출 등 돌이

킬 수 없는 문제를 일으킨 뒤에는 후회해도 소용이 없으므로 문제가 발생하지 않도록 하는 것을 최우선 목표로 삼아야 한다.

부하 직원에게는 과거에 문제를 일으켰던 사례를 이야기하며 우려가 되는 지점을 분명하게 지적한 다음, 조속하게 개선할 것을 요구한다. 같은 실수를 계속 반복할 경우에는 능력이나 의욕이 없거나 두 가지 모두에 문제가 있다는 의미이다. 따라서 지속적으로 기대하는 수준에 미치지 못할 경우 재교육 계획을 검토할 필요가 있다.

또한 이런 사원은 시간 관리가 습관화되어 있지 않은 경우가 많으므로 업무 계획서를 작성하게 해서 계획에 따라 차근차근 일을 진행하도록 만드는 것이 바람직하다.

귀찮은 일은 하기 싫어

· 조사나 계산 등의 지루한 작업, 귀찮은 조정 작업은 피하고 눈에 띄는 일만 하고 싶어 하는 사원
· 성과에 대한 조바심으로 큰 성과를 올리고 싶어 하는 사원
· 효율적으로 일하는 방법의 의미를 잘못 이해하고 있는 사원

대처법
이런 사원에게는 업무량이나 일정 같은 양적인 측면만이 아니라 결과의 질에 대한 책임을 의식적으로 지게 한다.

품질에 책임을 지는 것은 성가신 작업이지만, 어떤 일이든 대충하지 않는 것이 얼마나 중요한지를 몸으로 이해시킬 수 있는 좋은 기회이다. 이때 결과의 질을 높일 수 있는 '마법의 질문'이 있다.

"자네라면 어떻게 판단하겠나?

이것은 보고서를 작성하게 하고, 그 결과를 바탕으로 상사가 판단을 내릴 경우에 하는 질문이다. 이처럼 보고서를 제출할 경우 반드시 이런 질문을 받게 되거나 자신이 만든 결과를 바탕으로 상사가 의사 결정을 한다는 사실을 분명하게 인식한다면 보고서를 대충 만들어서 제출할 수 없게 된다.

이 질문을 반복하면 보고서의 질이 높아지는 동시에 업무를 시킨 사람의 시선에서 그 업무를 바라보게 되면서 업무에 대한 시각 또한 한 단계 높아진다. 한편으로 성과의 품질과는 상관없는 '귀찮은 작업'을 줄여나가는 데 필요한 업무를 중심으로 일을 맡기는 것이 좋다.

[유형6] 무념무상형 사원
의욕도 생각도 없다

- 회의에서 어떤 의견도 내놓지 않고, 면담에서 목표 미달의 요인을 물어봐도 아무 대답을 하지 않으며, 아이디어나 제안을 내놓지도 않고, 언제나 목표를 달성하지 못하는 사원
- 목표를 달성하지 못해도 크게 신경을 쓰지 않고 무기력한 모습에 모든 사고가 정지된 것 같은 사원

대처법
부서의 핵심적 역할을 결코 맡길 수 없는 사원으로, 어떤 성과도 내지 못한다는 기본 전제 아래 단순한 업무를 맡긴다.

함께 거래처를 방문한 부하 직원이 명함 교환만 하고 단 한 마디도 하지 않는다면 "자네, 이럴 거면 여기 왜 온 건가!"라고 한마디 해주고 싶은 충동에 사로잡힐 것이다. 그 기분은 충분히 이해하지만, 상사 갑질 논란에 휘말려서는 잃는 것이 훨씬 많으니 참

기 바란다.

이런 사원에게도 일을 맡겨야 할 경우, 목표를 달성하지 못해도 당분간은 영향이 가장 적은 업무를 맡기는 수밖에 없다. 성과가 전혀 없거나 관련 업체나 고객으로부터 불만이 접수되는 등 오히려 조직에 피해를 입히지 않는 것만으로도 다행이라고 생각하는 것이 좋다. 다만 방임이 되지 않도록 언제나 보고만은 분명히 하도록 지시한다.

만약 이런 유형이 그저 적극성이 없는 것이라면 단순히 지시를 기다리기만 하는 사원일 가능성도 있다. 그럴 때는 부담이 되지 않는 범위에서 지도해줄 선배를 지정해서 능력을 조금씩 끌어내는 방법도 생각할 수 있다. 리더가 이런 사원을 직접 지도하면서 시간을 빼앗겨서는 안 되기 때문이다.

인사부에 부서 이동을 상담할 경우에는 다른 사람들과 커뮤니케이션을 자주 하지 않아도 되는 업무를 맡게 하는 것이 좋다.

[유형7] 업무 당당 거부형 사원
그런 일은 하고 싶지 않습니다!

- 업무를 맡겨도 "하고 싶지 않습니다", "그런 건 제 담당이 아닙니다"라고
  당당하게 거부하는 사원
- 사실은 주어진 업무를 하고 싶지 않은 것이 아니라 할 능력이 없는 사원
- 야근도 하고 싶지 않고, 바쁘게 일하기를 원하지 않는 사원

대처법
업무량을 확인하고 여력이 있다고 판단했다면 직원의 의사와 관계없이
명령으로 업무를 맡긴다.

부하 직원의 능력과 경험에 맞는 적절한 업무와 업무량을 파악
한 다음, 상사의 입장에서 그가 해야 할 일을 다하지 못하고 있
다는 사실을 설명한다. 이때 그 직원에게 일을 맡기는 이유에 대
해 논리적으로 설명하는 것이 중요하다. 이것은 부하 직원을 위

해서만이 아니라 리더 자신을 지키기 위해서도 필요한 행동이다. 나중에 상사가 왜 일을 부하 직원에게 좀 더 맡기지 않느냐며 지적을 할 때에도 상사에게 논리적으로 설명하지 못하면 관리 능력을 의심받게 된다.

이런 유형의 사원은 자신이 원하지 않는 업무를 맡길 경우 상사의 '갑질'이라며 소동을 피울 가능성도 있으므로 타당한 업무 지시임을 명쾌하게 전달할 필요가 있다. 만약 "제 담당이 아닙니다"라고 말한다면 화내거나 귀찮아하지 말고 '담당'의 정의를 설명해준다. 그리고 부하 직원의 상황을 살피면서 맡길 업무의 난이도를 낮추는 것도 검토할 필요가 있다.

[유형8] 언행불일치형 사원
대답은 하지만 행동은 하지 않는다

- 대답은 잘하지만 정작 일은 하지 않는 사원
- 아무리 주의를 줘도 마감일이 다가올 때까지 일을 처리하지 않는 사원
- 기일을 넘겨도 어떻게든 해보려고 하지 않는 사원(이런 사원의 경우 대부분 상사가 두 손 들거나 귀찮아져서 결국은 유야무야 넘어가기 마련이다.)

대처법
최종적인 마감일을 이르게 설정하고, 중간 목표의 일정을 세밀하게 설정한 다음 그때그때 확인한다.

이런 유형의 직원은 지시한 업무에 대해 유야무야 넘어가지 않도록 기일 엄수 상황 등 부하 직원이 일하는 모습을 기록해놓으며, 부하 직원과도 공유해야 한다. 이런 직원은 "합니다, 해요"라고 말한 뒤에는 정작 일은 하지 않기 때문에 다른 직원과 연계된

업무에 차질을 빚거나 조직원들 사이의 신뢰 관계가 손상되어 문제가 발생할 위험이 높다. 특히 연계 업무에 차질이 생기지는 않는지 잘 지켜보면서 발생할 수 있는 문제에 대한 해결책도 미리 생각해두어야 한다.

또한 이런 유형은 거래처(외주처)나 자회사 등 자사보다 '아래'라고 생각되는 조직의 사원을 거만한 태도로 대하거나 그들에게 자신의 잘못을 떠넘길 수도 있다. 이런 부하 직원에게 상대의 처지를 존중하는 것의 중요성을 이해시키기 위한 방법으로는 자회사 등 하위 조직으로 파견 근무나 부서 이동시키는 것이 가장 효과적이다. 다만 본사로 돌아오는 순간 거만한 태도도 돌아오는 경우가 있으므로 주의가 필요하다.

또한 단순히 능력 부족이 원인이라면 중간 목표를 세밀하게 설정해서 최종 목표의 달성에 조금씩 가까워지도록 이끌어야 한다.

난감한 부하 직원의 여덟 가지 유형을 살펴봤는데, 지금까지 한 이야기는 당장의 대처를 중심으로 한 것이어서 근본적인 해결책이라기보다 어디까지나 리더가 적절한 업무 수행하기 위한 단기적인 대책일 뿐이다.

보고서의 기한을 지키지 않는 경우가 많다거나 지시한 일을 잊어버리는 경우가 너무 많을 때에는 ADHD(주의력 결핍 과잉 행

동 증후군)나 아스퍼거 증후군 등을 생각해볼 수 있다. 이런 사람들의 특징적인 증상으로는 자기 확신이 강한 반면 다른 사람들과 커뮤니케이션을 하는 데 서툴고 다른 사람과 있으면 금방 피곤해한다. 반면 이런 사람들 중에는 탁월한 재능 한 가지를 가지고 있는 이들도 있다. 스티브 잡스나 아인슈타인, 에디슨 등은 아스퍼거 증후군이었다고 하는데, 그들처럼 어떤 분야에 뛰어난 재능을 지녔을 가능성도 있다.

난감한 직원들과 함께 일하는 과정에서 리더 혼자서 고민하지 말고 인사 부문과 상담하는 것도 생각해보아야 한다. 다만 안일하게 결정해서는 안 된다. 반대로 상사에게 '부하 직원을 육성하는 능력이 없다'는 평가를 받을 수 있기 때문이다.

또한 아무리 지도해도 개선의 기미가 보이지 않는 부하 직원을 데리고 있는 경우, 당사자의 성장을 기대할 수 없을 뿐만 아니라 주위에 악영향을 끼칠 위험성이 있다면 인사 부문에 부서 이동이나 퇴직 권유를 요구하는 것도 선택지로 생각해야 한다. 다만 부서 이동이나 퇴직 권유를 할 경우에는 노동법의 관점에서 유의해야 할 점이 있으므로 인사 부문에 맡기는 것이 현명하다.

우수한 사원에게도
방심은 금물

● 문제가 있는 사원에게 일을 맡길 때와 마찬가지로 우수한 사원에게 일을 맡길 때도 주의가 필요하다. 우수하고 긍정적인 사원이라고 해서 무작정 안심해서는 안 된다. 우수한 사원에게 본인의 능력이나 경험보다 수준이 낮은 일을 맡기거나 능력과 경험에 맞은 업무라도 매번 비슷한 일을 계속 맡길 경우 의욕을 잃을 위험성이 크다.

우수한 사원에게 '보상'이란 더 높은 연봉이나 상여금이 아니라 좀 더 도전적이고 보람이 있는 일을 맡는 것이다. 따라서 이런 사원에게 능력이나 경험보다 낮은 수준의 업무를 부여하는 것은 그를 낮게 평가를 하고 있다는 느낌을 줄 수 있다. 리더 본인도 과거의 자신을 떠올려보면 틀림없이 그랬을 것이다.

이 상황이 오래 계속되면 회사를 옮길 위험성이 높아진다. '대기업인데 쉽게 이직을 고려하지는 않겠지'라는 것은 근시안적 생각이다. 대졸 신입 사원이 대기업을 지향하는 것은 안정을 추구한 선택으로 생각할 수 있지만, 이것은 입사할 때까지의 이야기일 뿐이다. 아무리 안정지향적인 사원이라도 입사 이후에는 도전정신을 발휘하며 계속 성장할 수 있기를 바란다. 그런데 자신의 능력을 온전히 발휘할 수 없는 상황이 계속되면 의욕이 떨어지는 것은 당연하다. 출전 기회를 요구하며 이적을 고려하는 운동선수와 같은 심리가 되는 것이다. 도전정신을 가지고 꾸준히 자기 발전을 위해 노력하는 우수한 인재는 호황이나 불황에 관계없이 노동 시장에서 가치를 인정받는 까닭에 연봉을 낮추지 않고 이직할 가능성도 높다.

또 한 가지 주의해야 할 점은 부하 직원의 능력이나 경험보다 수준이 낮은 업무를 맡기면서 "좋은 경험이 될 거야", "이건 도전해볼 가치가 있는 업무네"와 같은 앞뒤가 안 맞는 메시지를 준다면 역효과가 일어난다는 것이다. 이 경우 부하 직원은 리더가 자신에 대해 전혀 파악하지 못하고 있다고 여기고 불신하게 된다.

좀 더 성장하기를 바라는 우수한 사원에게 일을 맡길 때에는 더욱 주의가 필요하다. 도전적인 일을 맡긴다는 명목으로 맡기는 업무의 부하를 계속 높여서도 안 된다. 그럴 경우 사원 본인도 기대에 부응하기 위해 과도하게 애쓰다 건강을 해치거나 번아웃증후군에 빠질 위험성이 있다. 이것이 우수한 사원을 정신적 한계로 몰아붙이는 한 가지 요인이라고 할 수 있다.

좀처럼 성장에 속도가 붙지 않는 젊은 사원이 업무의 수준을 따라잡지 못해 정신적으로 궁지에 몰리는 경우도 있지만, 우수한 사원이 번아웃 상태에 빠지는 것은 회사나 조직(리더) 모두에 커다란 타격이 된다. 부하 직원의 현재 능력과 경험을 고려하여 할 수 있는 범위와 성장을 이끌어낼 수 있는 도전적인 요소를 명확히 구분하고, 도전 요소에 관해서는 철저한 지원을 할 수 있도록 준비해두길 바란다.

너무 신뢰한 나머지 "그 친구는 우수하니까 괜찮을 거야"라며 방치하지 않는 것이 무엇보다 중요하다.

우수한 사원을
더 우수하게 만드는 기술

우수한 사원, 다시 말해 성장이 기대되는 사원에게 일을 맡길 때에는 다음의 네 가지 사항에 주의해야 한다.

첫째, 능력과 경험의 수준에 맞는 업무 혹은 그 이상의 일을 맡긴다. 항상 최적의 타이밍에 최적의 업무를 맡길 수는 없지만, 다소 무리라고 하더라도 그 직원의 능력과 경험치 이상의 일을 맡기거나 적어도 본인의 수준보다 낮지 않은 업무를 맡길 필요가 있다.

아울러 가능하다면 인원이 적어도 좋으니 부하 직원을 관리하는 경험을 하도록 하는 것이 좋다. 관리지기 되었을 때 기강 난감한 점은 부하 직원이나 후배를 둔 경험이 없었던 것이다. 한 동안 경기 침체가 지속되면서 매년 신입 사원의 수가 제한되었던 탓에 부하 직원이나 후배를 지도한 경험이 거의 없는 채로 관리직에 올라간 리더가 적지 않다. 연수 등에서 신임 관리자와 인터뷰를 해보면 부하 직원을 관리했던 경험이 없었던 관리자는 처음 부하 직원을 지도하면서 당혹감을 느낀다고 한다.

앞으로 계속 이야기하겠지만, 부하 직원을 지도하는 것과 부하 직원과 함께 업무를 진행하는 것은 완전히 다른 문제이다. 리더라고 해도 부장급 이상이 되기 전까지는 실무와 함께 관리를 겸하는 것이 일반적이지만, 개인으로서 성과를 올리는 것과 부하 직원을 지도하고 육성해 조직으로서 성과를 올리는 것은 언뜻 비슷해 보여도 전혀 다르다. 따라서 우수한 사원에게 부하 직원을 지도하게 하는 것은 큰 경험이 될 수 있다.

둘째, 팀의 상황 때문에 수준에 맞지 않는 업무를 맡겨야 할 때에는 그런 업무를 맡긴 이유와 배경을 솔직하게 이야기한다. 조직의 과제나 인원 구성 등의 문제 때문에 본인의 능력이나 경험에 맞지 않는 업무를 할당해야 할 때도 있기 마련이다. 이때 억지로 도전 요소를 찾아내서 그것을 구실로 삼는다고 해도 우수한 부하 직원이 그 사실을 모를 리 없다. 부자연스러운 이유는 역효과만 부를 뿐이다. 신뢰할 수 있는 부하 직원이라면 조직의 사정상 어쩔 수 없다거나 더 높은 위치에 있는 상사의 의향이라 어쩔 수 없다는 등 이유와 배경을 솔직하게 말하는 편이 리더에 대한 신뢰를 높일 수 있다.

"본래라면 실력이 향상된 자네에게 도전하게 하고 싶은 안건 이지만, 현재 이 안건을 담당하고 있는 김 대리를 갑자기 제외시 킬 수는 없어서…", "다음 분기부터 새로운 지역을 본격적으로 개척할 예정이니 언제라도 이어받을 수 있도록 지금 자네의 입 지를 굳혀 놓고 싶네" 등 리더가 상담 상대로서 신뢰하고 있다는 자세를 보여주면 부하 직원도 틀림없이 이해해줄 것이다.

셋째, 보고와 지원은 확실히 한다. 앞에서도 말했듯이 위임과 방임은 다르다. 우수한 직원이라서 믿고 맡긴다는 식으로 내버 려둬서는 안 된다. 아무리 우수한 직원이라고 해도 경험해본 적 도 없는 능력 이상의 업무를 맡으면 누구나 불안하기 마련이다.

또한 우수한 사람일수록 자존심이 강해서 "모르겠습니다" 혹 은 "어렵습니다"라고 말하거나 도움을 청하지 못한다. 고학력 사원이 망가지는 이유에는 상사의 갑질보다 모른다고 말하지 못하거나 맡은 업무를 제대로 처리하지 못하는 자신을 용납하 지 못하기 때문인 경우가 있다. 물론 책임은 그런 상황으로 몰아 넣는 상사에게 있다.

그 직원의 수준에 비해 너무 쉬운 업무를 맡겼을 경우에도 보고나 지원은 확실히 해야 한다. 다만 이런 경우에는 업무를 제대로 처리하지 못할 경우에 대비하는 실패에 대한 리스크 관리가 아니라 직원의 의욕을 유지하기 위한 관리가 필요하다.

다루기 힘든 난감한 부하 직원보다 기대가 큰 우수한 사원의 지원에 리더의 귀중한 시간을 더 많이 배분해야 한다는 원칙을 잊어서는 안 된다.

부하 직원에게 질적으로 부담이 되는 업무와 양적으로 부담이 되는 업무를 파악한다. 우수한 부하 직원에게 질적으로 부담이 되는 업무는 '도전'이지만, 양적인 부하는 그냥 부담일 수 있다. 아무리 우수한 사람이라도 주어진 시간은 누구에게나 똑같다. 이 한정된 시간을 질적인 도전 업무에 최대한 많이 쏟을 수 있도록 배려해주는 것이 바람직하다.

우수한 부하 직원일수록 많은 업무를 끌어안고 있으므로 일을 맡길 때에는 부하 직원이 양적인 부하를 얼마나 더 감당할 수 있을지 확실히 파악해놓는 것이 중요하다. 업무량이 일정 수준을 넘어서면 의욕이 하락하며 노동 생산성도 저하된다. 아무리 부하 직원에게 도움이 되는 매력적인 업무라 해도 부하 직원의 상황을 확인하면서 허용량을 초과하지 않는 범위에서 일을 맡겨야 한다. 다른 사람에게 맡겨도 될 것 같은 업무와 지금 시간을 들여야 할 업무 등을 구분해서 진행할 필요가 있다.

그리고 우수한 사원일수록 다른 사원이나 다른 부문, 고객 등으로부터 개별적으로 일을 의뢰받는 경우도 많은 까닭에 상사가 파악하지 못한 업무가 있기 마련이다.

또한 양적인 부하가 도전이 되는 사례도 있다. 이를테면 관리직이나 프로젝트 매니저로 성장시키고자 우선순위를 결정하거나 일을 맡기는 방법을 배우게 할 경우에는 어떤 이유에서 양적부담이 되는 일을 맡기고 있는지 충분히 설명해주어야 한다.

이를 위해서는 부하 직원의 야근 시간을 파악하고 야근을 줄이도록 할 뿐만 아니라 어떤 일에 얼마나 시간을 쓰고 있는지 확인하면서 지도해야 한다.

난감한 사원에게 일을 맡기는 유형별 포인트

철부지형 사원 ▶ 능력을 발휘해 분명히 할 수 있는 일을 맡긴다. 보고 및 상담의 규칙도 명확히 정해서 규칙에 따라 움직이는 습관을 들이게 하고 자발적으로 일을 할 수 있도록 이끈다.

초성실 터널 시야형 사원 ▶ 업무 범위를 넓혀서 생각해줄 것을 분명하게 전달한다. 그리고 그것도 자신의 업무에 해당한다는 것을 확실하게 이해시킨다.

배째라형 사원 ▶ "그만둘래"와 같은 말에 반응하지 않고 끝까지 해내도록 시키는 것이 기본이다. 주의해야 할 점은 부하 직원의 불안감이나 감정에 휘말리지 않는 것이다.

트러블 메이커형 사원 ▶ 문제가 발생하지 않도록 하는 것을 최우선으로 삼아서 맡길 업무를 고른다. 예를 들어 개인 정보를 다루는 등의 일에서 배제하고 다른 부서와 접점이 적은 일을 시킨다.

귀차니스트형 사원	업무의 양이나 속도뿐만 아니라 '품질'에도 책임을 지게 한다. 품질을 높이기 위해서는 귀찮고 지루한 작업도 피할 수 없음을 인식하게 한다.
무념무상형 사원	조직의 핵심적인 사원으로 생각하지 않는다. 성과가 제로만 아니면 다행이라고 생각할 수밖에 없다. 방임이 되지 않도록 보고는 자주 하도록 지시하는 것이 중요하다.
업무 당당 거부형 사원	업무 명령으로 일을 맡긴다. 리더 자신을 위해서라도 왜 그 부하 직원에게 그 일을 맡겼는지 논리적으로 설명하도록 한다.
언행 불일치형 사원	기일이나 보고 관리를 엄격하게 한다. "합니다, 해요"라고 말하면서도 하지 않을 경우 연계된 업무를 맡고 있는 다른 직원에게까지 영향을 미치므로 주시한다. 업무가 제대로 진행되지 않을 경우 신속하게 개입한다.

HOW DOES A LEADER WORK?

제 3 장

일을 맡겨야 하는
진짜 이유

리더의 수난시대가
시작되었다

오늘날 기업 환경은 급속하게 변화하고 있다. 혼자서 처리할 수 있는 업무 영역은 점점 줄어들고 있고, 리더의 위치에서 처리해야 할 일 또한 가파르게 증가하고 있다. 그밖에도 국내외의 고용 환경과 사회적 흐름의 변화는 리더의 일하는 방식에도 변화를 요구하고 있다. 이런 상황에서 일을 맡기지 못하고 혼자서 업무를 떠안고 있다가는 책임감과 부담감에 짓눌려 가라앉거나 일과 함께 영영 떠내려가버릴 수도 있다.

이 장에서는 변화하는 사회적 흐름과 기업 환경의 변화에 대해 이야기할 것이다. 앞으로 이야기할 여덟 가지 변화의 '물결'에 재빨리 올라타 일을 맡기는 데 능숙한 리더가 되지 않는다면,

회사와 자신 모두 앞으로 커다란 위험에 처하게 될 수도 있음을 분명하게 인식해야 한다.

직장의 리더는 무슨 일이 있더라도 실적을 향상시킬 것을 회사로부터 끊임없이 요구받는다. 일손이 부족해서 업무가 제대로 돌아가지 않아도, 부하 직원의 야근을 제한해야 하는 상황이 되었어도, 의욕이 없는 사원이 많아서 업무에 차질이 있어도, 어떤 상황에서든 무슨 방법을 써서라도 작년보다 높은 실적을 올려야 한다. 영업부라면 조직의 매출 목표를 달성할 것을 요구받고, 매출과 직접적인 관련이 없는 간접 부서라면 더 많은 업무를 처리하거나 경영 정보의 정확도를 높일 것을 요구받는다. 리더의 역할은 조직의 실적을 개선하는 것이지만, 대부분의 경우 최소한의 경영 자원(사람, 물건, 돈, 정보)만 주어지는 것이 현실이다.

상사에게 "책임은 지우면서 권한도 주지 않고 필요한 자원도 제대로 지원해주지 않으면 어떡하라는 겁니까?"라고 맞서본들 "그걸 어떻게든 해결하는 것이 리더의 역할이고, 리더인 자네한테 기대하는 점이라네"와 같은 수긍하기 어려운 대답만 돌아올 뿐이다.

20년 전까지만 해도 리더에게 요구되는 것은 실적을 올리고 부하 직원에게 업무를 가르치는 것 정도였다. 물론 이것도 쉬운 일은 아니었다. 그런데 지금은 여기서 더 나아가 준법 경영을 하고, 성희롱이나 상사 갑질 같이 회사 내에서 부당한 일이 벌어지지 않는지도 신경써야 한다. 또한 고용의 형태가 다양화되면서 노무 관리에도 세심한 주의를 기울여야 한다. 게다가 정부가 일하는 방식의 개혁을 주도해나가면서 업무량은 그대로인데도 야근 시간은 줄여야 하는 상황에 직면해 있다. 사용 가능한 자원은 줄어드는 반면 리더의 역할과 업무는 계속 늘어나고 있는 것이다. 역할과 업무가 늘어나는 만큼 보수도 함께 오른다면 좋겠지만, 실질적인 임금도 그다지 올라가지 않는다. 업무와 부담은 늘어나는데 수입은 줄고 있는 것이다.

한때는 성과주의 인사가 각광을 받기도 했지만, 지나치게 성과만을 강조하는 기업 문화가 직원들의 반발을 사기도 했다. 하지만 여전히 리더에게는 성과를 올릴 것이 요구되고, 계속되는 디플레이션 속에서 실적을 올리는 것도 생각처럼 쉽지 않다. 여기에 관습적으로 조금이나마 남아 있던 연공서열식 임금체계의 혜택도 기대하기 힘든 상황에 처해 있다. 그야말로 리더의 수난 시대에 본격적으로 돌입했다고 할 수 있다.

앞으로의 리더는 매우 한정된 인적 자원을 가지고 조직의 성과를 유지하고 향상시켜야 한다. 그러나 리더 본인의 시간도 무한하지는 않다. 그렇다면 무엇부터 시작해야 할까? 가장 먼저 할 수 있는 일이 자신이 모든 일을 처리하려 하기보다 일을 맡기는 것이다. 부하 직원에게 적절하게 일을 맡겨서 활용할 수 있다면 자신의 근무 시간을 더 효율적으로 이용할 수 있을 뿐만 아니라 부하 직원의 능력 향상까지도 기대할 수 있는 일석이조를 실현할 수 있다.

인사의 세계에는 '인재 획득 경쟁(War For Talent)'이라는 개념이 있다. 이 말에는 인재를 얻는 것이 곧 경쟁에서 승리하는 것이라는 의미가 담겨 있다. 이와 마찬가지로 현장에 있는 리더의 경우 '일 맡기기 경쟁'에서 한 발 앞서 나갈 수 있다면, 출세 경쟁에서 확실한 승리를 거머쥘 수 있을 것이다.

더 이상 승진하고
싶지 않아요

● 　　　지금 세계의 기업에서는 일하는 방식의 개혁이 진행
되고 있다. 그중 하나가 노동 생산성을 높여서 근무 시간을 단축
하는 것이다. 그 과정에서 우리 사회의 많은 기업은 근무 시간 감
축을 위한 핵심성과지표(KPI, Key Performance Indicators)를 설정
하고 그것을 달성하는 데에만 급급할 뿐, 회사와 직원의 일하는
방식이 어떻게 변화해야 하는지에 대한 근본적인 논의는 이루어
지지 않고 있다.

　그럼에도 분명한 것은 리더가 일을 맡기는 방식이 부하 직원
의 노동 시간과 야근 시간을 크게 좌우한다는 사실이다. 퇴근 시
간 직전에 업무를 지시한다거나, "자네한테 맡기겠네!"라고 말

해 놓고서는 수시로 보고를 요구하는 등 상사들의 업무 습관은 부하 직원의 일하는 방식을 크게 좌우한다.

아주 특별한 기업이 아니라면 어느 정도의 야근은 원칙적으로 상사의 허가를 얻어서 실시하게 되어 있다. 적어도 형식상으로는 그렇다. 상사라면 부하 직원의 기여도나 실적, 잠재 능력을 파악해서 야근의 필요성을 파악한 다음 노동 시간을 어느 정도 투입해야 할지 판단해야 한다. 그런 다음 야근을 허락할지를 결정해야 한다. 그러나 실무를 직접 진행하면서 부하 직원도 관리해야 하는 리더에게 그럴 여유는 없다. 사전 신청이나 사후 승인이냐에 상관없이 부하 직원이 신고한 대로 야근을 시키는 것이 현실이다.

나는 기업의 컨설팅 활동을 할 때 주로 인사부와 미팅을 하는 경우가 많고, 기업의 리더들을 대상으로 조직 관리에 대한 강연도 자주 한다. 그 과정에서 두 그룹 사이의 의식의 차이를 누구보다 분명하게 파악할 수 있었다.

점점 높아지는 고객의 요구나 복잡해지는 실무를 이해하지 못하고 위에서 일방적으로 부하 직원들의 야근을 줄이라고 지시한들 리더는 어떻게 할 방법이 없다. 결국 야근 수당을 받지 못하는 관리직이 업무 부담을 떠안는 수밖에 없다. 혹은 회사나 상사의 평가를 생각해 어쩔 수 없이 붙잡혀서 함께 야근을 하는 관리직 후보가 내게 푸념을 하거나 상담을 요청할 때도 많다. 일하는 방식만이 아니라 다양한 개혁이 요구되고 있는 상황에서 지금까지의 방식으로 담당 업무와 조직을 관리하려 하는 리더에게도 문제는 있다. 하지만 쉽게 변하지 않는 조직 문화 속에서 회사 실무의 핵심이 되는 사원들의 한숨이 늘어나고 있음은 분명한 사실이다.

다만 한 가지 분명하게 말할 수 있는 점은, 적어도 앞으로 입사할 젊은 인재가 회사에 요구하는 것은 출세나 높은 연봉이 아니라 편하게 일할 수 있는 환경, 그리고 일과 개인적인 생활의 균형을 유지할 수 있는 휴일이라는 사실이다. 최근 기업에 신입사원으로 입사하고 있는 90년대생의 경우 무리해서 승진을 하고 높은 자리에 올라가는 것을 바라지 않는다. 책임만 무거울 뿐 그에 걸맞은 보수를 받지 못하며 자유 시간도 적은 관리직은 더 이상 사원들의 목표가 아니다. 경제적 보상이나 명예와 같은 인센티브는 지금의 젊은이들에게 동기를 부여하지 못한다.

"자네도 언젠가는 아이를 낳을 테니 그때를 대비해서 승진을 해서 열심히 벌어야지"라며 일이나 인생에 대해 책임감을 느끼게 하는 전통적인 설득 방법이 먹히지 않는 시대가 되어버렸다. 즉, 출세를 위한 열망이 있는 일부를 제외한 대다수의 사원은 무엇보다 일과 사생활의 균형을 추구한다. 따라서 장시간 노동 문제는 이제 옳고 그름의 문제가 아니라, 인재 관리 측면에서 절대 외면할 수 없는 가장 중요한 과제가 되었다.

일을 맡길 때도
대화는 필요해

● "그런 일은 부하에게 맡기라고!"

부하 직원을 둔 리더라면 적어도 한 번쯤은 상사에게 이런 말을 들어보았을 것이다.

하지만 일을 맡기는 방식이 잘못되면 부하 직원은 '내 힘으로는 도저히 할 수 없는 이런 어려운 업무를 떠넘기다니, 갑질 하는 거 아니야?'라는 생각을 하게 된다. 심한 경우 인터넷에 글을 올려서 회사가 '악덕 기업'으로 손가락질을 받게 되거나 '갑질 상사'라는 비난을 받을 위험조차 있다. 요즘은 이직을 희망하는 구직자들이 인터넷을 통해 자신이 지원하는 기업이 악덕 기업으로 불리고 있는지 확인하는 것이 상식이 되었다. 이처럼 일을 맡기는 것도 직원의 능력이나 마인드, 의욕, 성격, 성장 이력, 경험, 과거의 상사와의 관계 등에 따라서는 골치 아픈 문제가 발생할 수 있다.

부하 직원에게 일을 맡기는 기본적인 방법으로는 '티칭'과 '코칭'이 있다. 나는 기업 연수에서 '코칭'의 기본을 강의할 때 종종 티칭과 코칭의 차이를 설명한다.

티칭은 업무의 큰 틀, 다시 말해 업무의 목적과 목표, 순서와 유의점을 제시하고 지도자가 실제로 업무 처리 방법을 보여준 다음, 부하 직원에게 해보도록 하는 것이다. 그리고 진행 상황을 점검해가며 지속적으로 지도하는 것을 말한다. 이것이 부하 직원을 가르치는 것, 즉 티칭의 기본이다.

코칭은 질문을 통해 현재 상황에 대한 인식, 전망, 개선책, 실행 순서 등 전반적인 업무에 관해 본인의 생각을 이끌어내는 것이다. 주의해야 할 것은 단순히 질문하는 데에서 그치는 것이 아니라 대답을 듣고 그의 감정을 읽어내야 한다. 그리고 본인의 의견이나 일에 임하는 자세를 인지한 다음, 필요에 따라 제안이나 조언을 하고, 마지막에는 격려한다. 이것이 코칭이다.

강연에서 이렇게 티칭과 코칭에 대해 설명하면 모두 이해하는 것처럼 보인다. 하지만 직접적인 사례를 보여주면 반응이 달라진다.

"자네 생각에는 어떻게 하면 좋을 것 같은가?"

"내게 간단히 설명해주겠나?"

"그렇군. 그러면 조금만 더 구체적으로 이야기해주게."

이처럼 상사가 부하 직원에게 질문하는 장면이 나오면, "그런 식으로 말하면 부하 직원들은 저를 일을 모두 떠넘기는 상사라고 생각하지 않을까요?" 하며 걱정하는 사람들이 적지 않다. 물론 질문의 타이밍이나 기술의 문제도 있지만, 대기업처럼 상사의 갑질이나 성희롱에 대한 교육이 정기적으로 이루어지는 기업일수록 부하 직원의 눈치를 보느라 제대로 일을 맡길 수가 없다는 이야기를 종종 듣는다. 과거에는 속으로야 어떻게 생각하든 상사가 시키는 일에 불만을 표시하는 직원은 거의 없었다. 하지만 젊은 세대들은 자신이 이해하지 못하는 일 혹은 그런 업무 방식에는 분명하게 자기 의견을 이야기하는 경향이 있다. 이런 분위기 속에서 리더의 커뮤니케이션 능력이 점점 더 중요해지고 있다. 그래서인지 강연에서 부하 직원과의 올바른 대화 사례를 보여달라고 하는 경우가 적지 않다.

젊은 직원들과 원만하게 의사소통을 하는 데 어려움을 느끼는 리더들이 부하 직원과 업무 관련 대화를 이끌어나가는 좋은 사례를 외워서 그대로 활용하려는 마음은 이해한다. 그러나 일을 맡기는 과정에서 부하 직원과 나누는 커뮤니케이션은 드라마 대본처럼 외운다고 해결되는 문제가 아니다. 그것은 매일 의식적으로 연습하고, 실패도 겪으면서 열심히 고민하는 가운데

몸에 배는 것이다.

90년대생이 30대에 접어들면서 직장의 리더로 승진을 하는 사례가 생겨나고 있다. 이 세대는 이전 세대에 비해 빠르고 손쉽게 기술을 익히려는 경향이 있다. 현재 관리직에 있는 30~40대의 경우 사람을 관리하는 경험을 쌓았기에 필요 이상으로 부하 직원을 두려워하지 않으며 실패를 통해 배울 수 있다는 성공 모델도 경험했다. 그러나 이제 막 일을 배우기 시작하는 과정에서 일정 정도 책임을 지고 위험을 감수해야 하는 위치에 올라간 90년대생은 자신이 경험해본 적이 없는 것에 대한 경계심이 강하다. 이런 까닭에 부하 직원에게 일을 맡기는 것에 필요 이상으로 위험 부담을 크게 느껴 행동에 옮기려 하지 않는 것처럼 보인다. 또한 직원과 커뮤니케이션을 하는 것에도 익숙하지 않다.

부하 직원에게 일을 맡기는 것은 분명히 어느 정도의 위험을 감수해야 하는 일이다. 일을 맡기지 못하고 방치하면 업무는 감당할 수 없을 정도로 늘어난다. 팀을 효율적으로 운영하는 것은 리더의 주요한 임무인데, 부하 직원과 업무에 대해 원만하게 소통하며 일을 맡길 수 없다면 혼자서 업무를 끌어안은 채 무능한 리더라는 오명을 뒤집어쓸 수밖에 없다.

도무지 알 수 없는
90년대생이 나타났다

● 　　부하 직원에게 업무를 지시했을 때, "그거 할 의미가 있는 일인가요?" 혹은 "꼭 제가 해야 하는 일인가요?"라고 말하는 맹랑한 사원은 예전부터 있었다. 경험과 관계없이 컨설턴트 중에는 기본적으로 맹랑한 직원들이 많은 편이다. 나도 신출내기 매니저 시절에 조금 맹랑한 신입 컨설턴트와 함께 프로젝트를 진행하면서 쓰라린 경험을 한 적이 있다. 고객에게 제출할 프레젠테이션 자료를 어느 정도 경험이 있는 그 신입 부하 직원에게 맡겼다. 그런데 그 부하 직원은 프레젠테이션을 위해 고객을 방문하기 전날, 그것도 밤이 깊어서야 겨우 자료를 완성해서 내게 가져왔다. 자료를 보니 본인은 나름대로 시간을 들이고 고민

해서 만든 결과물이었을지 몰라도 내용에 깊이가 없어서 도저히 고객에게 제출할 수 있는 수준이 아니었다. 그래서 다시 만들어 오라고 지시했지만, "이게 그렇게까지 깊게 분석하고 조사할 필요가 있는 내용인가요?"라는 반론이 돌아왔다. 자신이 필요성을 수긍하지 못한 상태에서 상당한 시간을 들여 만든 자료를 다시 만들라고 했으니 그렇게 반응했을 것이다.

그 직원은 누가 봐도 피곤에 지친 모습이었다. 머리로는 부하 직원을 설득해 지금부터 둘이서 밤을 새워서라도 다시 만들어야 한다고 생각했다. 그러나 나도 이전까지 많은 업무로 피로가 쌓여 있었던 터라 "그렇게 생각한다면 그냥 이걸로 가도록 하세. 부족한 부분은 내일 프레젠테이션을 할 때 내가 말로 보충하면 다음에 사장님과 미팅을 할 때까지는 시간을 벌 수 있을 거야"라고 말하고 자료를 인쇄한 뒤 막차를 놓치지 않으려고 뛰어갔다.

그런데 다음 날, 예상과 달리 고객사의 사장이 모습을 드러냈다. 그 사장은 어제 예상한 대로 내가 허술하다고 생각했던 부분을 지적하더니, "이딴 자료를 대체 누가 만든 건가!"라고 화를 냈다. "부하 직원이 만들었습니다"라고 말할 수는 없었기에 나는 고개를 숙인 채 아무 말도 할 수 없었다. 그러자 사장은 "이 자료를 누가 만들었냐고!"라고 다시 고함을 쳤다. 그리고 이 말에 화들짝 놀란 내가 순간적으로 "함께 만들었습니다!"라고 말하자 "둘 다 꼴도 보기 싫으니 앞으로 절대 여기 오지 말게!"라고 통보

했다.

요즘 젊은 직원들은 업무의 의미를 이해하고 싶어 했으며, 본인이 이해하고 수긍한 상태에서 그 일을 하고 싶어 하는 경향이 있었다. 의외로 이처럼 반항심 있는 직원이 일에 대한 철학이 있어서 나중에 일을 잘하는 사람으로 성장하며 출세할 확률도 높은 것 또한 사실이다. 하지만 일을 시키는 리더의 입장에서 부하 직원이 자신의 지시에 반론을 제기하면 '잘 알지도 못하면서…'라는 생각에 화가 나서 "알았네. 그러면 다른 친구에게 맡기지"라고 말하게 된다. 리더가 이렇게 반응하면 부하 직원은 '내 말이 심했나?'라며 반성하고, "죄송합니다. 제가 하겠습니다"라고 하는 것이 얼마 전까지의 모습이었다. 그러나 자기 주장이 확실한 90년대생의 경우 표면적으로는 비슷한 대화가 진행되더라도 마지막에 "제가 하겠습니다"가 아니라 '야호! 내가 안 해도 되는구나!'라며 좋아한다.

학창 시절부터 자신의 분명한 직업관을 갖도록 교육을 받은 것이 영향을 끼쳤다고 볼 수 있다. 어쨌든 지금의 젊은 사원은 자신에게 주어지는 업무의 '의미'를 이해하고 싶어 한다. 선배 사원들은 "해봐야 알게 되는 것도 많으니까 일단은 그냥 해봐"라고 말하지만, 젊은 사원들은 예상하지 못한 상황에 처하는 것을 싫어하는 경향이 이전 세대보다 강한 특징이 있다. 일일이 부하 직원에게 의미를 이해시키면서 지도하는 것은 번거로운 일이지만, 의미를 이해하지 못하면 의욕이 눈에 띄게 저하되거나 최악의 경우 회사를 그만둬버리는 경우도 있다.

실제로 이직 시장에 90년대생이 등장하기 시작하면서 "현재 (이전) 직장의 인사 평가를 이해할 수 없어 이직을 결심했습니다"라고 말하는 구직자가 늘고 있다. 상사인 평가자의 인사 평가에 대한 설명에 문제가 있을 수도 있지만, 예전에는 자신의 인사 평가가 다소 수긍이 가지 않더라도 앞으로 성실하게 일하며 성과를 내면 회사의 인정을 받아서 승진할 수 있을 거라는 믿음을 가지고 당장의 불만을 참아 넘기는 직원들이 대부분이었다. 하지만 젊은 사원들은 자신이 받아들일 수 없는 결과를 쉽게 수긍하지 않는다. 또한 인사 평가에 대한 피드백 면담이 끝나자마자 동료들끼리 메신저로 "나한테 이런 평가를 했지 뭐야…"라며 대화를 나누기도 한다. 이처럼 앞으로 업무나 책임, 권한을 구체적으로 맡게 될 90년대생 직원들에게 접근할 때에는 그들의 특성에 맞춰 조금 신경을 쓸 필요가 있다.

여성을 위한
기업은 분명 있다

●   최근 들어 경력 단절 여성에 대한 사회적 문제가 제기되면서 현장에서는 여성이나 고령자가 일하기 편한 직장, 노동에 참가하기 쉬운 직장을 만드는 것이 기업 환경 개선의 주요한 주제가 되고 있다. 이런 흐름에 맞춰 기업도 여성의 적극적인 활용을 위해 본격적으로 움직이기 시작했다.

여성 인력 활용을 적극적으로 추진하고 있는 기업에서는 여성 관리직 비율을 높이기 위해서 노력하고 있지만, 관리직을 노릴 수 있는 위치에 있는 여성 관리직 후보의 숫자 자체가 적은 것이 현실이다. 1990년대부터 기업에서는 1년 또는 반년 동안의 절대적인 성과 총량을 기준으로 평가하는 인사 제도를 도입하기 시작했다. 요컨대 승진을 하기 위해서는 장시간 노동도 마다하지 않고 절대적인 성과를 올려야 했다. 그 결과 노동 시간에 제약이 있거나 결혼이나 출산 등으로 경력이 단절된 여성은 아무리 시간당 노동 생산성이 높아도 승진할 수 없었다. 오직 일에만 매달리며 남성보다 더 남성적으로 일해온 여성만이 관리직에 오를 수 있었다.

실제로 "여성 관리직 비율을 높이자!"라고 외치는 기업에서 현재 근무하고 있는 여성 관리직을 살펴보면 미혼의 '열혈 커리어 우먼'이거나 기혼이지만 자녀 없이 맞벌이를 하는 여성 혹은 친정이나 시댁으로부터 충분히 육아 지원을 받는 여성이 대부분이다. 이런 현실을 생각하면 여성이 일하기 편하고 승진 경쟁에서 불이익을 받지 않는 체계를 세운다고 해도 여성이 관리직에 올라가는 것이 당연한 현상이 되기 위해서는 더 많은 시간이 필요할 것이다.

하지만 경력 단절 여성에 대한 사회적 관심이 커지면서 앞으로 신입 사원뿐만 아니라 경력직에서도 여성을 적극적으로 채용하려는 기업은 늘어나리라 예상된다. 따라서 지금까지 남성 정규직 중심의 직장에 여성이 일부 섞여 있는 조직을 관리해왔던 리더는 앞으로 많은 여성 정직원이 있는 직장 혹은 남녀가 골고루 섞여 있는 조직을 관리하게 될 것이다. 여기에 재고용을 통해서 합류하는 고령자까지 고려하면, 조직 구성이 다양화되는 것은 피할 수 없는 현실이다. 그야말로 '다이버시티 매니지먼트(다양성 관리 경영)'가 필요한 시대가 된 것이다.

다국적 기업들은 이미 다양한 인재를 활용하는 전략으로 다이버시티 매니지먼트를 실시하고 있다. 특히 인종의 용광로라고 불리는 미국에서는 사원들의 차이를 존중하고 인정하며 그 차이를 적극적으로 활용하기 위해 이와 같은 제도를 도입하고 있다. 격변하는 비즈니스 환경과 다양화되는 고객의 니즈에 대응하고 글로벌 기업으로 발돋움하자는 발상이 이와 같은 변화를 주도하고 있다. 우리나라의 경우 조직의 구성이 단숨에 바뀌는 변화가 일어나지는 않겠지만, 이미 외국인 근로자들은 점점 늘고 있다. 이 점을 고려하여 여성, 고령자, 장애인, 90년대생 등 다양한 직원들 사이의 차이와 가치관을 존중하고 받아들일 수 있는 기업 환경을 만들어나갈 필요가 있다.

당신의 역할과 책임을
알려드립니다

●   국내 기업과 달리 외국계 기업에서는 직위에 따라 역할과 책임이 명확하다. 그런 의식이 몸에 배어 있는 최고 경영자와 외국인 직원들은 일을 맡기는 것이 서툰 리더를 이해하지 못한다.

외국계 기업은 처음 사원을 채용하는 시점에서 포지션별로 사원을 모집하고 채용한다. 그래서 구직자는 기업이 미리 명시한 직무 기술서(직무의 내용이 구체적으로 적혀 있는 것)의 내용을 이해한 다음 응모한다. 이렇게 직원을 채용하는 과정에서 직무 내용을 명확하게 하면, 기업이 원하는 직무 능력과 후보자의 경력 및 업무 능력을 쉽게 비교할 수 있어 기업이 원하는 인재를 채용하는 데 도움이 된다.

이때 직무 기술서가 없으면 업무가 성립되지 않는다. 포지션별로 작성되는 직무 기술서에는 구체적인 직무 내용뿐만 아니라 직무의 목적, 업무 목표, 책임과 권한의 범위, 그 밖에 그 포지션과 관련된 사내외의 관계처, 필요한 스킬이나 지식, 기술, 자격, 경험, 학력 등이 적혀 있다.

대부분의 국내 기업과 달리 이렇게 직무 내용을 상세하게 기술하는 데는 이유가 있다. 첫 번째 목적은 그 업무를 맡을 사원의 직무 내용을 명확히 하기 위해서이다. 경력자를 채용하는 것이 기본인 외국계 기업에는 '척 하면 척'이라며 눈치껏 업무를 처리하거나 어려움에 처한 사원이 있으면 부탁하지 않아도 알아서 도와주거나 상사의 기분에 맞춰 분위기 파악을 하는 것 같은 행동을 하는 일이 없다. 이런 행동은 대학교를 막 졸업한 후 신입사원 시절부터 사회인으로서 교육받으며 긴 시간에 걸쳐 습득하는 것으로, 외국계 기업에서는 찾아보기 힘든 국내 기업의 분위기이기도 하다.

외국계 기업에서는 직무 기술서를 작성함으로써 사원에게 자신의 책임과 수행해야 할 업무, 기대하고 있는 성과 등을 이해하도록 한다. 직무 기술서는 부서 이동이나 승진으로 새로운 역할이나 업무를 맡게 되는 경우에도 자신의 역할을 확실히 이해할수 있게 해주며, 인사 평가에도 활용된다. 또한 담당 직무가 명확히 기술되어 있으므로 무슨 일을 해야 하고 어떤 성과를 내면 되는지를 실제 결과와 비교하여 검토하기가 수월하다.

약 20년 전에 한 기업의 인사 평가 제도를 개혁하고 평가자 연수를 실시했을 때 있었던 일이다. 지금은 완전히 표준이 된 '목표 관리(방침 관리)'의 개념을 새롭게 도입했는데, 수강자 한 사람이 이런 이야기를 했다. 연초에 부하 직원과 목표 설정 면담을 했는데, 그 해 중간에 중요한 업무가 새롭게 발생했다. 그래서 그 부하 직원에게 새로운 업무도 담당해달라고 했더니 "연초에 설정한 목표가 아니므로 할 생각이 없습니다"라며 거부했다는 것이다. 마음 같아서는 그런 부하 직원에게 "고작 이 세 가지 목표만 달성하라고 너한테 월급에 상여금까지 주는 게 아니야!"라고 말해주고 싶었겠지만, 이것은 직무 기술서를 작성하는 기업에서는 있을 수 없는 일이다. 수강자는 앞의 사례가 '목표 관리' 제도의 문제라는 식으로 이야기를 했지만, 사실 이것은 '목표 관리'의 문제가 아니다.

단순히 경쟁사가 이 제도를 도입했으니 우리도 도입해야 한다는 안일한 생각에서 '목표 관리' 제도를 추진하면서 정작 직원들에게 기대하는 역할·책임·권한·요구하는 성과 등을 이해시키지 않고 목표만을 제시한 결과이다. 직무 기술서 또한 마찬가지이다. 외국계 기업에서 도입한다는 이유로 형식적으로 도입을 했다가는 오히려 부작용이 있을 수 있다. 앞에서도 이야기했듯이 직무 기술서는 직원들에게 기대하는 역할과 책임을 분명하게 하기 위한 것이고, 이것을 부하 직원에게 이해시키는 것이 직무 기술서를 작성하는 것보다 먼저임을 잊어서는 안 된다.

그 밖에 직무급(職務給)을 도입한 외국계 기업에서는 직무 기술서를 바탕으로 직무의 대가를 판단하여 결정할 수 있을 뿐만 아니라 앞으로 어떤 교육이 필요할지 등도 명확히 할 수 있다. 물론 승진이나 고용 등 중요한 인사 결정을 할 때에도 객관적인 판단 기준으로 삼을 수 있으므로 소송 등의 법적인 리스크에 대한 대비도 된다.

국내 기업에서도 직무 기술서를 도입하려는 움직임은 있다. 장기적으로 점점 더 많은 기업들이 국내 시장을 넘어 세계로 뻗어나가게 될 것이다. 그 과정에서 외국인을 부하 직원으로 두게 되는 일도 늘어날 것이고, 외국인 상사를 맞이하거나 글로벌 프로젝트에 참가하는 상황도 있을 것이다. 상사와 부하 직원이 직무 기술서를 바탕으로 업무상의 커뮤니케이션을 하는 것이 당연한 전제가 된다면 일을 맡기는 것이 서툰 리더는 존재할 수 없게 될 것이다.

고령화 사회,
나이 많은 부하 직원의 등장

● 　　　일을 맡기는 방법과 관련해서 리더들이 가장 많이 상담을 요청하는 문제는 '나이 많은 부하 직원에게 어떻게 일을 맡겨야 하는가? 어떻게 대응해야 하는가?'이다.

리더보다 나이가 많은 부하 직원은 정년퇴직 후 촉탁직이나 계약직으로 재고용되는 이들, 대기업에서 많이 채용하고 있는 '직무 정년제(일정 연령에 도달하면 관리직에서 내려오는 제도-옮긴이)'를 통해 50세에서 55세 사이에 관리직에서 내려온 전 관리직, 그리고 IMF 이전의 경제 성장기에 입사한 사람으로 구분할 수 있다.

촉탁직 혹은 계약직 사원은 대부분 1년 단위로 고용되는데, 현역 시절에 비해 급여가 50퍼센트 가까이 하락하는 경우도 있어서 업무에 임하는 자세나 의욕이 떨어지는 경우가 많다. 지금까지 자신이 배운 기술과 능력을 후배들에게 모두 전해주려는 마음을 가진 훌륭한 분도 있지만, 급여가 절반이 되었으니 일도 절반만 하면 된다는 생각에서 실제로는 절반도 일하지 않는 사람도 있다. 다만 고용 구분은 비정규직이므로 서로 상대의 처지를 이해하고 포기할 것은 포기한다면 촉탁직이나 계약직 사원은 그다지 상대하기 어려운 사람들은 아닐 것이다.

그에 비해 직무 정년자는 조금 상대하기가 힘들다. 지금까지 직접적으로든 간접적으로든 자신에게 일을 가르쳐줬던 선배이며, 바로 얼마 전까지만 해도 '과장님' 혹은 '부장님'으로 불리며 조직을 관리해온 사람들이다. 나이 어린 상사 입장에서 '분명히 나이 어린 상사 밑에 있기가 쉽지 않겠지. 의욕이 떨어지는 것도 당연해'라며 제멋대로 신경을 쓰고 배려하는 경우가 있는데, 이것이 오히려 상대방에게 무시당하고 있다는 감정을 불러일으키는 경우도 있으니 주의해야 한다.

반면 직무 정년자의 입장에서는 계약직만큼 급여가 하락하지는 않지만 직무 수당을 받지 못하게 되면서 실질 임금이 크게 떨어진다. 또한 책임과 함께 권한까지 사라질 뿐만 아니라 예전에 자신이 지도했던 부하 직원이나 후배를 상사로 모셔야 하는 경우도 있기 때문에 실제로 의욕이 떨어지는 사람이 다수라고 할 수 있다. '제도가 그러니 어쩔 수 없지'라며 주어진 업무를 묵묵히 처리하는 성숙한 사람이라면 문제는 없지만, 어설프게 사람들의 위에 서서 지도하고 감독했던 경험이 있는 까닭에 위에서 내려다보는 시선으로 말하거나 젊은 리더의 행동을 비판하는 골치 아픈 사람도 있다. 반대로 "나는 이제 일개 사원일 뿐이니 묻지 말게"라든가 "이런 치밀함이 필요한 업무는 적성이 맞는 젊은 친구에게 시키는 편이 낫지 않겠나?"라며 자신의 소임을 다하려 하지 않는 사람도 종종 보인다.

마지막으로, IMF 이전에 입사한 이들은 한정된 지위를 놓고 경쟁하다 패배한 결과 부하 직원이 없는 관리직 취급을 받거나 일반 사원으로 근무하고 있는 경우도 있다. 얼마 전까지만 해도 이들은 출세 경쟁에서 밀려났어도 부하 직원이 없는 '담당 과장'이라든가 '과장 대리' 등 자존심을 지킬 수 있는 직위를 가지고 있거나 다른 회사로 파견을 나가 나름대로 만족스러운 위치에서 일할 수 있었다.

하지만 기업 합병과 조직의 수평화 등이 진행되면서 표면적으로는 회사 실적이 향상되더라도 조직도에 기재되는 관리직의 자리는 반대로 줄어들고 있는 것이 현실이다. 더군다나 기업 환경이 변화하고 인사 제도까지 세계화되면서 정직원의 자존심을 유지할 수 있는 회사 안의 자리 또한 점점 줄어들고 있다. 게다가 동기와의 출세 경쟁에서 패하고 자신보다 우수한 후배 직원에게 추월당해 설 곳을 잃고 있다. 그럼에도 여전히 연공서열 방식의

인사 관리 제도가 남아 있는 기업에서는 나름대로 높은 급여를
받고 있는 까닭에 다니기 싫어도 그만둘 수가 없다. 이처럼 그들
에게는 의욕이 오르지 않는 나름의 이유가 있다. 리더는 그런 배
경을 파악하고 제대로 일을 맡겨 인원수에 상응하는 성과를 올
려야 한다.

다양한 사람들에게
일을 맡기는 건 힘들어~.

기업에 필요한 인재는
기업이 만든다

●   급속하게 변화하는 기업 환경 속에서 인사 및 인재 관리를 철저하게 하는 기업이 늘고 있다. 과거에는 노동 시장에서 이직 가능한 나이의 상한선은 35세라는 이야기가 공공연하게 나왔지만 지금은 40대, 나아가 50대도 경험이나 전문성만 있다면 충분히 이직이 가능하다.

과거에도 기술을 갖춘 전문직이 구조조정을 계기로 고액의 보수를 받고 외국계 기업으로 이직하는 사례는 있었다. 그리고 현재는 국내 기업도 외국계 기업처럼 필요하다고 생각되는 지식이나 경력, 기술만 있다면 나이를 불문하고 채용하는 시대가 되었다. 이런 시대의 흐름을 가장 잘 보여주는 이들이 경영지로 할야 하는 전문 경영자들이다. 일본에서 애플 컴퓨터와 일본 맥도날드 홀딩스, 베네세 홀딩스 등의 사장을 역임한 하라다 에이코 씨나 로손의 사장과 회장을 거쳐 산토리 홀딩스의 대표이사에 취임한 니이나미 다케시 씨 등이 유명하다. 그리고 이제는 경영자뿐만 아니라 관리직에서도 이 기업에서 저 기업으로 이동하는 사례가 늘고 있다. 20년 전까지만 해도 관리직은 조직 실적의 달성이나 부하 직원의 관리에만 전념하면 되었지만, 지금은 준법 경영, 성희롱 혹은 상사 갑질 등의 업무 환경 관리, 복잡해지는 노무 관리, 그리고 일하는 방식의 개혁에도 대처해야 한다.

이런 상황에서 기업이 동종 업계에서 일한 경험이 없더라도 외부에서 관리직의 전문가를 영입하려 하는 것도 당연하다 할 수 있다. 반면에 대졸 신입 사원을 채용해서 다양한 부서에서 경험을 쌓도록 하여 사원 개개인의 경험치를 높이고 긴 호흡으로 잠재력 있는 인재를 찾아내려는 노력도 지속적으로 하고 있다. 그러나 최근 들어서는 좀 더 시스템적으로 인재를 관리하고 운용하려는 시도가 트렌드로 자리를 잡았다. 일반적으로 이것을 '리더 매니지먼트' 제도라고 부른다. 기업이 제품과 서비스를 만들어내는 시스템을 갖는 것과 마찬가지로 경영자나 리더를 만들어내는 시스템을 갖자는 발상이다.

이를 위해서는 우선 기업이 선호하는 리더의 상을 정의해야 한다. 그다음으로 '팀에 명확한 방향성을 제시한다', '팀을 긍정적으로 만든다', '비즈니스에 대한 열성이 있다', '차별화와 경쟁력의 강화를 위한 최적의 판단을 한다' 같은 리더의 자질을 명문화하고 사원들에게 널리 알려야 한다. 물론 모든 리더를 같은 유형으로 분류할 수는 없다. 실무에 정통한 전문적인 리더가 있는가 하면 창업가 정신이 뛰어난 리더도 있다. 인재 육성이나 조직 개발에 강한 리더도 있다. 기존의 인사 제도에 따라 여러 부서를 거치며 경험을 쌓아온 리더는 다재다능형 리더라고 할 수 있을 것이다. 이와 같이 다양한 유형별로 리더의 후보를 정하면 지금까지 파묻혀 있던 인재를 발굴할 가능성도 있다.

다음에는 선정된 후보자를 성장시키기 위해 한 사람 한 사람마다 개별적인 계획을 세우고, 후보자의 직속 상사뿐만 아니라 관계자들끼리 후보자에게 어떤 성장 과제가 있으며 어떤 기회를 제공해야 하는지, 필요한 기술이나 경험은 무엇인지, 어떤 방법을 이용하여 성장시킬 것인지 등의 다양한 정보를 공유한다.

이와 같은 시스템을 도입하는 기업에서 현직 관리직은 차세대 리더의 후견인 역할을 할 것을 요구받는다. 우수한 부하 직원이 성장할 기회를 주지 않아 돋보이지 못하도록 만드는 상사는 경질당하며, 그런 일이 일어나지 않도록 하기 위해서라도 시스템적으로 관계자들이 인재의 정보를 공유하고 있다. 다만 일단 후보자 명단에 이름이 올랐다고 해서 그 신분이 보장되는 것은 당연히 아니다. 언제라도 교체될 수 있다.

이처럼 기업에서는 과거에 비해 리더의 적성을 파악하는 등 철저히 인재를 관리하며 확인하고 있다. 따라서 일을 맡기는 것이 서툰 리더가 자신의 단점을 극복하지 못한다면 회사 안에서의 입지가 점점 좁아질 수밖에 없다.

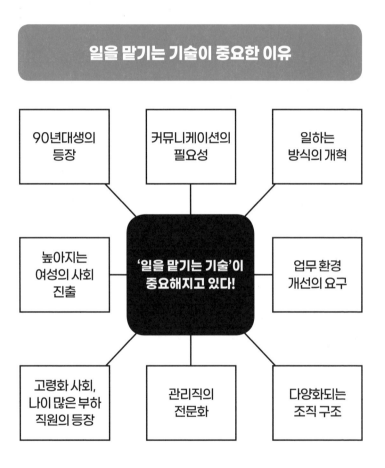

일을 맡기는 기술이 중요한 이유

90년대생의
등장

커뮤니케이션의
필요성

일하는
방식의 개혁

높아지는
여성의 사회
진출

'일을 맡기는 기술'이
중요해지고 있다!

업무 환경
개선의 요구

고령화 사회,
나이 많은 부하
직원의 등장

관리직의
전문화

다양화되는
조직 구조

제 4 장

일을 잘 맡기기 위한
5단계 원칙

일을 맡길 때도
원칙이 있다

● 　　책임자인 리더에게는 분명 부하 직원을 길러낼 책임이 있다. 당연한 말이지만, 상설 조직은 특별한 조직 개편이 없는 한 계속 유지되는 조직으로, 이전 분기보다는 이번 분기에, 이번 분기보다는 다음 분기에 더 높은 목표를 달성할 것을 경영진으로부터 요구받는다. 다만 경영진은 목표치는 계속 높이면서도 쉽사리 인원을 늘려주지 않는다. 리더는 이런 상황에서 더 어려운 과제에 도전해나가기 위해 조직 전체의 노동 생산성을 지속적으로 높여야 한다.

　요컨대 리더를 포함한 조직의 구성원인 부하 직원들이 성장해주지 않으면 조직에 위기가 찾아오거나 리더가 책임을 져야 하는 상황을 맞게 된다. 물론 그대로 방치해도 부하 직원들이 알아서 성장해준다면 걱정할 필요가 없겠지만, 젊은 세대일수록 적극적으로 일을 하며 성장하기보다는 리더의 지시를 기다리는 성향이 강해지고 있는 것이 현실인 것 같다.

반면에 프로젝트 팀의 리더에게는 팀원들을 교육시킬 책임이 없다. 프로젝트 팀은 어떤 목적을 달성하기 위해 임시로 편성된 일시적 조직이므로, 프로젝트 기간이 끝나거나 목표한 바를 이루면 해산한다. 프로젝트 팀의 리더는 그 프로젝트를 수행하는 데 필요한 지식이나 기술, 경험이 있는 사람을 중심으로 팀원을 구성하기 때문에 아직 경험은 부족하지만 장래성이 엿보인다는 이유로 팀원으로 들이는 일은 없다. 지금 당장 프로젝트에 도움이 될 수 있는 역량을 가지고 있느냐의 관점에서 팀원을 뽑는 것이다.

상설 조직이든 프로젝트 팀이든 리더가 멤버에게 '일을 맡긴다'는 점은 동일하지만, 맡기는 방법은 서로 다르다. 상설 조직의 경우 기본적으로 확립된 역할이나 절차 속에서 업무를 수행하며, 상사는 업무 내용의 품질과 관련된 부분까지 부하 직원을 지원해준다. 새로운 업무가 들어오면 상사는 부하 직원의 업무량 등을 살피면서 배분하면 된다.

한편 프로젝트 팀의 경우, 리더가 팀원의 목표나 역할을 결정은 하지만 개별적인 업무 수행에 관해서는 각자에게 맡기는 것이 일반적이다. 이미 완성된 인재를 데려왔기 때문에 사전에 합의한 업무 내용을 일정한 품질로 완성하기만 하면 된다. 만약 리더가 '이 친구는 도저히 못 쓰겠군!'이라고 판단한다면 그 팀원을 보낸 조직에 불만 사항을 전달하고 교체를 요구할 수도 있다. 일단 그 부서에 배치되면 실제 업무 능력과 관계없이 쉽게 불합격 판정을 내릴 수 없는 상설 조직과는 완전히 다르다.

　업무를 맡기는 방법은 조직의 형태에 따라 기본적인 틀이 있지만, 일단은 다음의 5단계에 따라서 일을 맡기는 기술의 기본을 충분히 익혀두기를 바란다.

[1단계]
어떤 업무를 맡겨야 할까?

●   실무 능력이 뛰어난 리더 중에는 부하 직원에게 맡길 업무를 선별해내는 것을 귀찮아하는 사람이 많다. 자신보다 능력이 떨어지는 부하 직원의 능력이나 특성 등 이것저것을 고려해서 맡길 업무의 양이나 범위 등을 고민할 시간이 있으면 자신이 직접 처리하는 편이 훨씬 빠른 것은 사실이다.

또한 '이 업무는 직원들에게는 너무 어렵지 않을까?', '아직 정보나 상황이 모호해서 적절한 지시나 설명을 할 수 없을 것 같은데…' 등등 생각이 너무 많은 탓에 일을 맡기지 못하는 경우도 많다. 그러나 이래서는 영원히 타인에게 일을 맡기지 못한다.

하지만 다음의 네 가지 상황에서는 적당한 업무를 선택해서 부하 직원에게 맡겨야 한다. 무작정 떠넘기거나 다짜고짜 맡기는 것만 아니라면, 이 단계에서는 너무 깊게 생각하지 않는 편이 좋다. 깊게 생각할수록 일을 맡기는 것이 귀찮아진다.

● **목표나 성과의 완성된 상태가
분명한 경우 일을 맡긴다**

　　일을 떠넘기는 상사는 목표나 성과를 달성했을 때의 결과가 분명하지 않은 상태에서 부하 직원에게 일을 넘기곤 하는데, 이런 경우 문제가 발생하기 마련이다. 하지만 목표한 결과가 어느 정도 보이는 상황에서는 과감하게 일을 맡기는 것이 좋다.

　입사 3년차 정도까지의 부하 직원에게는 적어도 리더가 목표에 대한 분명한 이미지를 갖고 있는 업무를 맡겨야 한다. 그 수준의 업무를 맡겼는데 결과물에 부족한 점이 있다면, 그 원인은 부하 직원이 업무의 의미를 제대로 이해하지 못했기 때문인 경우가 대부분이다. 먼저 업무의 목적, 목표, 전체적인 이미지를 충분히 이해시키고, 담당 업무의 중요성을 알려주어 책임감과 사명감을 갖도록 해야 한다. 특히 부하 직원에게 목표가 완성된 상태에 대한 이미지를 알려줌으로써 지금 하고 있는 일이 목표에 도달하는 데 어떤 영향을 미치는지, 목표를 이루기까지 어떤 업무가 얼마나 남아 있는지 등을 스스로 파악하도록 한다면 업무에 임하는 자세는 크게 달라진다.

예전에 자동차 딜러 업체의 의뢰로 사원 평가 기준을 만든 적이 있다. 그때 리더 격인 우수한 영업 담당자를 인터뷰하면서 젊은 사원들을 어떻게 지도하고 있는지에 관해 이런 이야기를 들었다.

"후배를 지도할 때 계약을 하는 것을 최종 목표로 삼으면, 일단 팔면 된다는 생각에서 세일즈 토크에 온힘을 기울입니다. 물론 그 자체가 잘못은 아니지만, 문제는 뒷일을 생각하지 않고 말해버릴 때가 있다는 것이지요. 하지만 고객이 다음에 자동차를 바꿀 때 다시 찾아오는 것을 목표로 삼으면, 계약한 뒤에도 정기적인 사후 관리를 하게 됩니다."

지금 한 번 계약을 성사시키는 것만을 생각하는 것이 아니라 2년, 3년 후의 계약까지 고려한다면 지금 하는 세일즈 토크의 질도 달라진다.

난이도가 높은 업무의 경우 중견 사원이나 베테랑 사원에게 중점적으로 맡기는 경향이 있다. 그럴 수밖에 없는 현실을 인정하지만, 어려운 업무라고 해도 목표나 성과를 완수했을 때의 결과물이 어느 정도 분명한 상황이라면, 경험이 많지 않은 직원에게도 과감하게 일을 맡기는 편이 좋다. 부하 직원의 역량 부족이나 실패의 리스크를 이유로 들면서 부하 직원에게 일을 맡기지 못하는 리더는 부하 직원의 업무 결과에 책임을 지겠다는 각오가 부족한 것이다. 그런 리더는 부하 직원의 역량이 높아지더라도 좀처럼 일을 맡기지 못한다. 일을 맡길 수 없는 부하 직원이 있는 것이 아니라 일을 맡기지 못하는 리더가 있을 뿐이다.

● **업무의 양을 가늠할 수 있을 때 일을 맡긴다**

리더가 업무의 양을 알고 있으면 설령 부하 직원이 도저히 못하겠다며 중간에 포기하더라도 쉽게 대처할 수 있기 때문에 어느 정도 안심하고 일을 맡길 수 있다. 다만 업무량을 알고 있더라도 일을 맡긴 부하 직원의 능력이나 직원이 그 업무에 전념할 수 있는 시간에 따라 상황이 달라질 수 있으므로 맡길 업무 전체를 세분화하는 것이 중요하다.

최대한 집중해도 하루 이상 걸리는 업무를 맡길 경우에는 먼저 업무의 목적, 업무 내용, 성과나 목적의 결과물을 명확히 하고, 해야 할 일의 목록(To Do List)을 만든다. 이때 다음의 일곱 가지 시점에서 업무를 생각하면 해야 할 일의 목록을 포괄적으로 생각할 수 있다.

• 누구에게 물어보는 것이 좋은가?
• 누군가에게 보고하고 연락하고 상담할 필요는 없는가?

- 다른 직원에게 의뢰할 일은 없는가?
- 작업할 것은 없는가?
- 조사할 것은 없는가?
- 검토할 것은 없는가?
- 누군가와 교섭할 필요는 없는가?

　해야 할 일의 목록을 정리한 다음 각각의 일을 하는 데 필요한 시간을 정하고, 그 시간을 전부 더해서 전체적인 업무의 양이 얼마나 되는지 계산한다. 복잡한 업무일수록 처음 일을 시작하면서 업무를 세분화하고 각각의 업무에 필요한 시간을 계산한 다음 일을 진행해나가면 작업 하나하나의 난이도는 낮아진다. 업무에 필요한 시간은 리더가 그 작업을 할 경우 얼마나 걸릴지 어림셈해서 표준 시간으로 삼은 후에 부하 직원에게 전달한다. 이렇게 하면 단순히 작업을 할당하는 데 그치지 않고 처리 시간까지도 고려하게 만들 수 있으므로 부하 직원의 생산성 향상도 기대할 수 있다.

　만약 세분화한 작업의 난이도가 높거나 양이 많다면 그것을 다시 똑같은 순서로 세분화해 목록을 만든다. 여러 명에게 업무를 분담하게 할 경우에는 분할된 작업을 그대로 할당하면 된다.

의뢰서 겸 인수서

지시할 때는 미완성이어도 좋다. 부하 직원과 대화를 통해서 결정한다.

업무 내용

목적

성과 혹은 목표의 결과물

해야 할 일의 목록	필요 시간	활동 대상 및 활동 방법

누구에게 물어보는 것이 좋은가?
누군가에게 보고하고 연락하고
상담할 필요는 없는가?
다른 직원에게 의뢰할 일은 없는가?
작업할 것은 없는가?
조사할 것은 없는가?
검토할 것은 없는가?
누군가와 교섭할 필요는 없는가?

● **불안의 원인을 확인한 다음 일을 맡긴다**

　　부하 직원에게 일을 맡기는 것에 대해 필요 이상으로 두려움을 느끼는 리더들이 있다. 일을 맡기는 것에 두려움을 느끼는 이유는 '이 직원에게는 무리가 아닐까?' 하는 불안감이 있기 때문이다. 그렇게 생각하는 이유는 부하 직원의 역량이 부족해서인가? 지식이 부족해서일까? 경험이 모자라서인가? 시간의 문제인가? 이처럼 일을 맡기기 전에 일을 맡기는 것이 불안한 이유를 분명하게 해야 한다. 부하 직원의 능력 등을 파악하는 방법은 뒤에서 자세하게 소개하겠지만, 일을 맡기는 데 불안감을 느낀다면 다음 세 가지 포인트를 짚고 넘어갈 필요가 있다.

　　첫째, 업무 수행에 필요한 기술과 일을 맡길 직원의 역량이 일치하는지 파악한다. 이때는 커뮤니케이션 능력 같은 막연한 범주가 아니라 실무를 처리하는 능력을 생각해야 한다. 가령 영업 담당자라면 다음과 같은 기술이 실무 능력에 포함될 수 있을 것이다.

- 프레젠테이션 능력: 자사 제품의 특징뿐만 아니라 타사 제품과의 차이 등을 논리적으로 이해하기 쉽게 전하는 기술
- 교섭 능력: 자사의 상품을 판매할 뿐만 아니라 고객의 상황을 이해하고 대등하게 세일즈 토크를 진행하는 기술

- 경청 능력: 상대가 하는 말을 귀담아 들어서 일정 수준의 신뢰감을 줄 수 있는 기술
- 질문 능력: 상대의 니즈를 끌어내거나 깨닫지 못한 점을 깨닫게 하는 기술
- 설득 능력: 세일즈 토크가 일정 수준 진행된 뒤 계약 체결을 위해 고객의 수긍도를 높이는 기술

이런 능력을 모두 갖추고 있는 직원은 그리 많지 않다. 경청 능력이 있어서 고객의 신뢰를 얻고 있고 사전에 공들여 만든 파워포인트 자료로 프레젠테이션을 하는 기술은 탁월하지만, 구입을 망설이는 고객을 설득하여 계약을 체결하게 하는 데는 서툴 수 있다. 이처럼 한 가지 능력이 뛰어나면 다른 능력은 부족한 경우가 대부분이다. 따라서 직원이 가지고 있는 각각의 능력을 세분화한 다음 업무에 필요한 기술과 부하 직원의 능력이 일치하는지 고려하여 일을 맡겨야 한다. 그래야 이후에 발생할 수 있는 위험 요소를 짐작할 수 있다.

둘째, 일을 맡길 부하 직원의 능력과 시간에는 한계가 있음을 의식한다. 악덕 기업 소리를 듣는 회사라면 "다 끝낼 때까지 퇴근할 생각은 하지 마!"라고 질책하며 억지로 성과를 내게 하는 경우도 있지만, 일하는 방식을 개혁하는 것이 중요한 사회적 과

제로 부각하고 있는 상황에서 부하 직원의 근무 시간도 고려하지 않으면 안 된다.

얼마 전에 한 기업의 인사 담당자에게 이런 이야기를 들었다. 영업소의 리더가 그동안 부하 영업 담당자에게 "할당된 제품을 팔 때까지 돌아올 생각 마!"라고 말했지만, 최고 경영자가 일하는 방식을 개혁하겠다고 한 뒤에는 "팔지 못할 것 같으면 얼른 돌아오도록 해!"라고 지도했다고 한다. 그러자 상품 판매가 늘지는 않았지만, 잔업 수당이 절감되어서 영업소의 이익이 개선되었다는 웃지 못할 이야기였다.

앞에서 이야기했듯이, 업무에 필요한 기술과 일을 맡길 부하 직원의 역량이 일치하도록 업무를 할당해야 한다. 하지만 부족했던 능력이 갑자기 성장하지는 않는다는 현실과 점점 빡빡해지는 노동 시간 제한이라는 변화를 인식해야 한다. 이처럼 변화하는 현실 속에서 부하 직원의 능력과 시간에는 한계가 있음을 인식한 다음 일을 맡겨야 위험 부담을 최소화하면서 업무를 진행할 수 있다.

셋째, 지나치게 많은 일을 맡기면 부하 직원이 망가질 위험이 있음을 인식한다. 리더 연수에서 수강자들에게 자신을 키워줬던 상사에 관해 물어보면 "상사가 친절하고 꼼꼼하게 지도해줬을 뿐만 아니라 일을 맡긴 뒤에도 든든하게 지원해주셔서 안심하고 새로운 업무에 도전할 수 있었습니다"라고 대답하는 사람은 한 명도 없다. 오히려 의도적인지 아닌지는 알 길이 없지만 "말도 안 될 정도로 많은 업무를 무작정 떠넘겨서 정말 고생했지만, 지금 생각해보면 그런 상사 밑에 있었기에 성장할 수 있었습니다"라고 말하는 이들이 많다.

높은 성과를 내서 새로 리더가 된 사람들을 대상으로 한 연수이므로 당연한 대답일 수도 있다. 하지만 입장이 바뀐 지금 자신의 부하 직원을 그런 식으로 키우려 한다면 부하 직원이 망가져 버리거나 상사 갑질 논란으로 본인이 궁지에 몰리거나 둘 중 하나의 결말을 맞게 될 가능성이 크다.

많은 업무를 떠맡겨서 강하게 키우는 방법이 옳은지 그른지는 둘째 치고, 인재를 키우는 데에는 불변의 원칙이 있다. 누구나 다른 사람이 맡긴 일을 함으로써 성장하고, 다른 사람에게 일을 맡김으로써 성장한다는 것이다. 인재를 키우는 데 중점을 둔다면 '일을 맡긴다', '일을 맡아서 한다'는 행위는 중장기적으로 양쪽 모두의 노동 생산성을 향상시키는 가장 좋은 방법이다. 하지만, 부하 직원을 빨리 키우려는 생각에 지나치게 많은 일을 맡기면 부하 직원이 망가지는 경우가 있다. 이렇게 말하는 나도 이사로 취임해 경영과 조직 관리와 담당 클라이언트의 컨설팅이라는, 나의 능력 이상의 역할을 맡고 이에 부응하고자 한계 이상으로 노력하다 우울증에 빠졌던 적이 있다. 그리고 결국 그것이 원인이 되어 회사를 그만두게 되었다. 나의 경험으로 미루어볼 때, 질적으로나 양적으로 담당 직원의 능력을 훌쩍 뛰어넘는 업무를 맡겨서는 안 된다. 물론 자신의 한계를 뛰어넘어 맡은 업무를 훌륭하게 처리해낸다면 크게 성장할 수 있지만, 업무가 주는 부담과 스트레스로 인해 퇴직을 하거나 재기불능의 상태가 될 위험성도 있다.

특히 앞으로 실무를 도맡게 될 90년대생의 경우 별것 아닌 일에도 "나는 못해!"라는 말을 쉽게 내뱉는 경향이 있다. 따라서 자신의 성장 경험이 지금의 부하 직원에게도 적용될지 파악하는 것이 필요하다.

● **업무 지원 시스템이 갖춰진 경우 일을 맡긴다**

이것은 일을 맡기는 시스템에 관한 이야기다. 일을 맡기는 리더가 잘 알고 있는 업무라면 설령 업무가 원활하게 진행되지 않는다고 해도 그 이유나 문제의 원인을 충분히 예상할 수 있고, 문제를 해결하는 방법 또한 이미 알고 있을 가능성이 높기 때문에 일을 맡겼을 때의 위험 부담이 크지 않다. 또한 경험이 부족한 젊은 사원에게 일을 맡길 경우, 이미 앞서 같은 업무를 맡았던 경험이 있는 선배가 있다면 진행 방법을 가르쳐주고 문제가 있을 때 상담 상대두 되어줄 것이다. 또한 리더도 의

지가 되는 사내외 인맥이 있다면 큰 부담 없이 일을 맡길 수 있을 것이다.

젊은 층은 인터넷을 통해 다양한 정보를 수집할 수 있지만, 업무에 반드시 필요한 살아 있는 정보는 사람을 통해서만 얻을 수 있을 때가 많다. 사회 경험이 부족한 젊은 층의 경우, 노하우나 고급 정보를 서로 교환할 수 있는 소위 '인맥'이 없고, 조언이나 도움을 구할 사람이라고 해야 대부분 경험이나 능력이 자신과 비슷한 수준인 동료들이 고작이다(다만 장기적으로는 먼저 출세한 동기가 있다면 도움이 된다).

일을 맡기는 리더 이외에 일을 맡긴 부하 직원의 선배나 동료, 아이디어 뱅크가 되어줄 다른 부문의 사원, 더 나아가 안심하고 맡길 수 있는 협력사의 사원, 실무를 지원해줄 파견 사원 등 지원 체제가 어느 정도 갖춰져 있다면 일을 맡기는 데 주저할 필요가 없다.

[2단계]
어떤 직원에게 맡겨야 할까?

● 　　　누구에게 일을 맡길지 판단할 때 가장 주의해야 할
점은 부하 직원의 '능력 및 경험'과 '의욕'을 분리해서 생각하는
것이다. 이 두 가지를 혼동해서 낭패를 보는 경우가 많다. 능력
이나 경험은 부족하지만 의욕을 높게 평가해서 지나치게 어려
운 업무를 맡겼다가 실패를 하는 경우가 있는가 하면, 충분한 능
력과 경험을 갖추고 있음에도 의욕을 보이지 않는다는 이유로
너무 간단한 업무를 맡기는 바람에 직원의 의욕을 더욱 떨어뜨
려 실패로 이어지는 사례가 종종 있다.

일을 맡길 때에는 그 업무가 요구하는 능력과 경험에 부합하
는 부하 직원에게 맡겨야 한다는 대원칙을 잊지 말아야 한다. 기

금까지 이야기했듯이 일을 맡기는 이유는 회사에 필요한 능력을 갖춘 인재를 키우고, 중장기적으로 조직의 노동 생산성을 향상시키기 위해서이다. 하지만 리더에게 주어진 더 중요한 임무는 일을 맡김으로써 조직의 성과를 높이는 것이다. 인재를 키워내는 것은 이 임무를 지속적으로 달성하기 위한 수단이지 그 자체가 목적이 아니다.

이를 위해서는 유능한 인재에게 일을 맡기는 것이 기본임을 잊지 말아야 한다. 그러므로 부하 직원의 '의욕'은 일을 맡기는 데 고려해야 할 중요한 사항이 아니며, 일을 맡긴 뒤에 미세 조정을 해야 하는 요소에 불과하다는 사실을 분명하게 해야 한다.

특히 리더에게 부하 직원의 업무를 보조해줄 시간적 여유가 없을 경우에는 이 기본을 절대 벗어나서는 안 된다. 필요한 능력은 없고 의욕만 넘치는 부하 직원에게 일을 맡기면 도전 정신만 왕성한 상태에서 엉뚱한 방향으로 노력하다 실패하고 의욕을 잃어버릴 수도 있다.

● **부하 직원의 상황과 역량에 따라
일을 맡기는 방법이 달라진다**

상황적 리더십 이론(Situational Leadership)이라는 유명한 이론이 있다. 1977년에 폴 허시와 켄 블랜차드가 발표한

이 이론은 '리더십'이라는 단어가 붙어 있지만, 리더의 방식이 아니라 부하 직원의 상황에 맞춰서 업무 방식을 바꿔야 한다는 생각을 바탕으로 한다. 이 이론의 요점은 업무를 맡기는 방법은 기본적으로 부하 직원의 성숙도에 따라 결정된다는 것이다.

상황적 리더십 이론에서는 기본적으로 부하 직원의 성숙도를 4단계로 나눈다.

가장 수준이 낮은 성숙도 1의 직원은 역량과 의욕이 모두 낮은 상태인 '아직 부족한 초보자'이다. 신입 사원은 역량이 낮은 (더 정확히는 없는) 것이 당연한데, 이따금 의욕까지도 낮은 경우가 있다. 역량과 의욕이 모두 낮은 신입 사원이 배속된 조직의 리더는 직원을 잘못 뽑았다고 말하고 싶겠지만, 프로젝트 팀이 아니기 때문에 조직에 도움이 되지 않는다는 이유로 팀에 배치된 사원을 거부할 수 없다.

성숙도 2의 직원은 아직 역량은 부족하지만 의욕이 높은 상태인 '의욕적인 초급자'이다. 자신의 낮은 업무 능력과 부족한 경험을 높은 의욕으로 어떻게든 메우려 하는 사원이라고 할 수 있다. 신입 사원이나 경력 사원을 막론하고 보통은 조직이나 업무에 익숙해지기까지 한동안 이 상태가 계속된다.

성숙도 3의 직원은 역량은 높지만 의욕 면에서는 편차가 있는, '방황하는 중급자'이다. 업무를 수행하기에 충분한 역량을 가지고 있지만 경험이 부족하거나 아직 자신감이 없고 일을 맡는 것을 불안해하는 직원, 그리고 업무에 너무 익숙해진 나머지 싫증이 났다거나 하는 등의 이유로 의욕을 잃어버린 채 자발적이고 적극적으로 행동하지 않는 직원이 여기에 속한다.

성숙도 4의 직원은 역량도 충분하고 의욕도 높은 '상급자'라고 할 수 있다. 이 수준에 도달한 부하 직원은 다음의 리더가 될 후보자의 물망에 오르고 있을지도 모른다. 단독으로 업무를 수행하는 데 문제가 없을 뿐만 아니라 리더로 승진할 기회가 가까워졌다는 사실을 알고 있기 때문에 업무 전체에 대한 의욕도 높은 상태이다. 아예 업무를 일임하는 것이 아니라면 일을 맡겨도 거의 문제가 없을 것이다.

● **업무 성숙도에 따른 일을 맡기는 방법**

성숙도 1의 아직 부족한 초보자에게는 지시형으로 업무를 맡긴다. 업무를 진행하는 방법이나 목표의 수준을 명확하게 전달하고, 진행 상황을 관리하는 것이 핵심이다.

· 문제를 결정한다.

- 목표를 결정한다.
- 역할을 결정한다.
- 업무 방식을 결정한다.
- 업무 방식을 자세히 지시한다.
- 리더가 의사 결정을 한다.

성숙도 2의 의욕적인 초급자에게는 지도형으로 업무를 맡긴다. 리더의 생각을 설명하고 부하 직원이 가지고 있는 의문 사항에 대답하는 형식으로, 다음과 같이 지도한다.

- 문제를 결정한다.
- 목표를 결정한다.
- 작업 계획을 작성하고 부하 직원에게 전달한다.
- 결정 사항에 대해 의견을 구한다.
- 부하 직원의 주체성을 존중한다.
- 부하 직원에게 아이디어나 의견을 구하되 의사 결정은 리더가 한다.
- 업무 방식을 지시한다.

성숙도 3의 방황하는 중급자에게는 지원형으로 업무를 맡긴다. 이들은 다소 편차는 있지만 일정 수준의 업무 능력을 갖추고 있으므로 능력을 어느 정도 인정하고 의견을 들으며 직접 문제를 해결하고 의사 결정을 할 수 있도록 배려하는 것이 좋다.

- 목표를 부하 직원과 함께 결정한다.
- 업무 진행 방식을 함께 결정한다.
- 부하 직원이 원한다면 지지하고 지원해준다.
- 자원이나 아이디어를 제공한다.
- 부하 직원이 문제를 해결하려 할 때 이야기를 귀담아 듣고 지원한다.
- 부하 직원에게도 책임을 지게 한다.

상숙도 4의 상급자에게는 위임형으로 업무를 맡긴다. 상급자는 다음 리더로 승진할 수 있는 이들로, 실무에 관해서는 오히려 리더보다 뛰어날지도 모른다. 이미 안심하고 일을 맡길 수 있는 수준에 도달했을 뿐만 아니라 업무와 관련하여 리더와 원활하게 소통할 수도 있을 것이다. 다만 어디까지나 일을 위임을 해야지 일임해서는 안 된다. 안심하고 맡기더라도 진행 상황을 보고하고 문제가 있을 경우 리더와 논의해야 한다는 사실을 분명하게 해야 한다.

- 목표를 함께 결정한다.
- 업무 진행 방식을 함께 결정한다.
- 부하 직원에게 행동 계획을 작성하게 하고 문제 해결도 스스로 하게 한다.

• 부하 직원이 의사 결정을 하고, 상사는 적절히 진척 상황을
  확인한다.

이 수준까지 오면 부하 직원은 자신이 기대받고 있다는 사실
에 책임감이 커지고 일에 대한 충실감도 높아지며 존중 욕구도
강해진다. 따라서 성과의 수준도 높아지며 그 결과 조직 전체의
노동 생산성도 향상될 것이다.

사회 경력이나 회사 경력이 길더라도 전혀 새로운 업무를 맡
길 경우에는 성숙도 1이나 2의 단계부터 시작해야 한다. 따라서
부하 직원의 성숙도에 따라 누구에게 어떤 업무를 맡길지를 판
단해야 하고, 앞에서 말한 원칙에 따라 일을 맡기는 것이 좋다.
"행동으로 보여주고, 말로 들려주고, 해보도록 시키고, 칭찬해
주지 않으면 사람은 움직이지 않는다."
"이야기를 나누고, 귀를 기울이고, 승인하고, 맡기지 않으면
사람은 성장하지 않는다."
"일하는 모습을 고마운 마음으로 지켜보고 신뢰하지 않으면
사람은 결실을 맺지 못한다."
이는 일본 해군 연합 함대 총사령관이었던 야마모토 이소로
쿠가 했던 말로, 일을 맡기는 리더에게 지침이 될 만하다.

● 과도한 기대로 일을 맡기지 않는다

'이제 나이도 찼고….', '요즘 열심히 하고 있으니….', '요 몇 년 사이에 전체적인 업무 능력이 향상되었으니….'

부하 직원의 일하는 모습을 보고 이런 생각이 들면 승진시키고 싶어지는 것은 인사 평가권을 쥐고 있는 상사라면 당연한 심리이다.

회사에서는 '졸업 기준'과 '입학 기준'이라는 두 가지 기준에 따라 직원을 승진시킨다. 졸업 기준이란 일정 학점을 취득하면 누구나 졸업을 하는 것처럼, 어느 정도 실력을 갖추었으면 승진을 시키는 것을 말한다. 반면에 입학 기준이란 지금보다 더 높은 어려운 업무를 처리할 수 있는 수준이 되었을 경우에 승진을 추천하는 것이다. 참고로, 리더 이상이 되면 조직 책임자라는 한정된 자리를 두고 경쟁하게 된다. 노력이나 업무 능력만으로는 승진을 할 수 없는 '출세 경쟁'이 시작되는 것이다.

인사 제도에 따라 약간의 차이는 있지만, 대부분의 기업에서는 중견 사원이 될 때까지는 졸업 기준으로 심사를 하여 승진을 시키지만, 리더나 관리직으로 올라가는 데에는 입학 기준을 적용한다. 이것은 학교의 진급 시스템과 같다. 성실하게 일하고 일정 수준 이상으로 업무에 익숙해지면 졸업을 할 수 있지만, 리더의 자리까지 오르기 위해서는 추천 입시라는 관문을 통과해야 한다. 이직을 할 경우에는 일반 입시처럼 한 번의 면접으로 성패가 결정된다.

상사에게는 자신이 추천하는 직원이 '이 정도는 해줬으면 한다'라는 기대가 있다. 보통은 당사자에게 약간의 도전이 되는 수준일 것이다. 그리고 상사는 실질적인 승진 결정권을 쥐고 있는 간부에게 제시할 수 있는, 추천의 근거가 될 만한 자료를 원한다. 경영의 신 마쓰시타 고노스케도 승진을 하기 위해서는 주위 사람들의 인정이 필요하다고 했다. 이처럼 리더로서 승진하기 위해서는 주위의 사람들이 능력을 인정하도록 만들 성과가 필요하다.

그러나 이것이 일을 맡길 때의 판단을 흐리게 할 우려가 있다. 당사자도 자신이 승진 후보 명단에 이름이 올랐다는 것 정도는 파악하고 있기 때문에 평소보다 무리해서 업무를 진행하는 경향이 있다. 상사도 그 의욕에 끌려서 과도한 기대와 함께 중요한 업무를 맡기기 쉽다.

이럴 때 많은 상사들이 쉽게 빠지는 함정이 바로 업무를 일임하는 것이다. 과도한 기대 속에는 상사의 지원 없이도 업무를 완벽하게 처리해주길 바라는 마음이 담겨 있다. 물론 기대만큼 업무를 수행해서 깔끔하게 승진한다면 본인뿐만 아니라 조직이나 추천한 상사 모두에게 기쁜 일이지만, 현실과 기대가 항상 같은 모습일 수는 없다.

어쨌든 승진이나 부서 이동과 같이 직원이 처한 상황이 일을 맡기는 데 중요한 요소로 작용해서는 안 된다. 그런 부분은 어디까지나 사소한 조정의 요소일 뿐이어야 한다. 만약 그 직원이 업무를 제대로 수행하지 못할 경우, 문제는 승진을 못하는 데에서 그치지 않을 수도 있다.

● **직원의 커리어 비전에 따라 일을 맡긴다**

이것은 리더 본인에게도 해당되는 이야기지만, 자신의 향후 커리어를 어떻게 생각하고 있느냐는 중요한 업무를 맡길 때 짚고 넘어가야 하는 항목이다. 부하 직원이 중장기적으로 어떤 커리어를 생각하고 있느냐에 따라 일을 맡기는 방법이 달라지기 때문이다.

최근에는 연봉이나 복지 등 직원의 처우 개선과 함께 커리어 개발을 위한 제도를 도입하는 기업이 늘고 있다. 기업에서는 회사의 비전이나 목표를 실현하기 위해 필요하다고 생각되는 인재상을 설정하고, 그에 맞는 역량을 갖춘 인재를 육성한다. 직원들 역시 자신의 커리어에 대한 각자의 비전을 가지고 있다. 양측의 비전을 실현하기 위해 장기적이고 계획적으로 실시되는 직무 및 능력 개발 시스템을 커리어 개발 제도라고 하는데, 일반적으로는 다음과 같은 정책이 실시된다.

• 직접적인 보고나 상사와의 면담 등을 통해 사원의 희망 업무나

적성을 파악한다.

- 인원 배치 계획이나 인재상 등을 바탕으로 설정된 기업 요구와 합치하는지 확인한다.
- 필요하다고 생각되는 직무 경험이나 연수 내용을 명확히 한다.
- 인재 개발을 목적으로 인력을 이동 및 배치하고 업무 관련 연수를 실시한다.

이처럼 명확하게 제도화하지는 않았더라도 많은 기업이 연수 등을 통해 교육 기회를 제공하고 있다. 또한 직무 로테이션 등의 인력 이동 및 재배치를 통해 실무 경험을 쌓게 하는 방법으로 직원의 커리어 개발에 힘쓰고 있다.

이처럼 일을 맡길 때 직원의 커리어를 생각하는 이유는 일을 맡긴 뒤의 의욕, 어려움에 처했을 때 그 어려움을 극복하는 힘이 달라지기 때문이다.

커리어 비전을 그린다는 것은 한 기업에 속한 직원이자 사회 활동을 하는 사람으로서 목표를 갖는 것이며, 이는 평생에 걸쳐서 몰두할 수 있는 '라이프 워크(Life Work)'로 이어진다. 많은 사람들에게 일이란 먹고살기 위해 해야 하는 '라이스 워크(Rice Work)'이다. 좋아하는 일을 직업으로 삼는 '라이크 워크(Like Work)'라는 개념도 있지만, 이는 먹고살기에 충분한 수입을 얻지 못하는 경우가 많다. 그러나 평생에 걸쳐서 몰두할 일을 발견한다면, 혹은 그런 일을 발견하기 위한 계획을 세울 수 있다면 다소 어려움이 있더라도 굴하지 않고 의욕적으로 업무를 진행해나갈 수 있다.

다만 자신의 커리어에 대해 명확한 비전을 그리고 있는 사람은 극소수에 불과하다. 조만간 관리직으로 승진하리라고 기대되었던 조직의 기대주조차도 "솔직히 말하면 관리직이 되고 싶지 않아요. 임원 수당은 나오지만 책임이 무거워지는데다가 야근 수당을 받지 못해서 수입도 오히려 줄어들거든요"라며 당장의 손익만을 생각하고 불만을 터뜨리는 경우가 있을 정도이다.

최근에는 인사 평가 결과를 알리는 '피드백 면담' 이외에 매년 1회 정도 '커리어 면담'을 제도화하는 기업이 늘어났다. 이것은 리더가 부하 직원과 함께 그의 커리어에 대한 의견을 교환하며 지도하는 시스템이다. 일반적으로 상사는 부하 직원에 비해 회사의 내부 사정을 더 잘 알고 사업의 장래성이나 전망, 사내에 있는 직무의 내용에도 해박하며 인사부에 인맥도 있다. 커리어와 관련된 부하 직원의 고민을 듣고 조언해주기에 충분한 지식과 경험, 정보를 갖추고 있는 것이다. 이런 노하우를 바탕으로 부하 직원의 커리어를 함께 생각하는 시간을 갖는 것만으로도 상사에 대한 신뢰도는 크게 높아지며, 이를 통해 부하 직원은 어렴풋이나마 커리어 비전을 그리고 그것을 향해 매진할 수 있다.

처음에는 "장래에 뭐가 되고 싶은가?", "어떻게 하고 싶은가?" 라는 질문으로도 충분하다. 한두 번의 면담으로 명확한 비전을 그릴 수 있다고 기대해서는 안 된다. 계속해서 질문을 던지는 것이 중요하다. 그렇게 지속적으로 상담을 하는 과정에서 직원이 "○○씨처럼 ○○의 분야에서 전문가가 될 수 있다면…" 같은 이야기를 해준다면 그다음 전개는 정해진 것이나 다름없다. 리더는 당연히 "그렇게 되기 위해서는 지금 무엇이 필요하다고 생각하나?"라고 질문을 던질 것이고, 직원은 "지금 하는 일을 능숙하게 처리할 수 있게 되는 것입니다"라고 대답하게 될 것이다.

[3단계]
직원에 대한 기대와
사실을 구별할 줄 아는가?

● 　　　　리더는 다른 사람에게 일을 맡길 때 자신의 기대를 앞세우는 경향이 있다. 일을 맡길 때 주의해야 할 점은 '사실 또는 객관적인 정보'와 자신의 '마음이나 기대'를 분리해서 전달하는 것이다. 이 두 가지를 섞어서 업무를 맡길 경우 부하 직원에게 제대로 정보가 전달되지 않는 경우가 종종 있다. 가령 "자네라면 할 수 있어", "기대하고 있네", "자네에게 성장의 기회가 될 거야"와 같이 직원에 대한 기대 섞인 마음이 앞서버리면, 정작 업무와 관련된 핵심적인 정보의 전달에 소홀해지기 쉽다. 또한 그 마음이 잘못된 것이라면 직원은 일을 시작하기 전부터 불필요한 불만이나 불안감을 가질 수도 있다.

"느닷없이 성장의 기회라면서 일을 맡기면 어쩌라는 거야…. 요전에는 다른 기술을 익히라고 해놓고서…", "나는 딱히 출세하고 싶은 생각이 없는데, 열심히 여성들의 사회 활동을 강조하면서 기대한다고 하지만 결국 일만 늘어나는 거 아닌가…"라는 목소리를 듣는 일이 잦아지고 있다.

부하 직원에게 효과적으로 일을 맡기려면 이미 알고 있는 '사실 또는 객관적인 정보'와 아직 알지 못하거나 모호한 정보를 함께 전달한 다음, 부하 직원이 얼마나 이해했는지 확인해야 한다. 이렇게 서로의 인식을 충분히 일치시킨 뒤에 기대의 말을 건네는 것이 올바른 순서임을 잊어서는 안 된다.

사실이나 객관적인 정보로서 전해야 할 것은 다음의 여덟 가지이다. 특히 다섯 번째, 여섯 번째, 일곱 번째 항목에 해당하는 보고, 연락, 상담의 시기와 부하 직원의 재량의 범위, 지원이 필요한 부분은 전달하는 데 그치지 않고 리더와 인식을 충분히 일치시킬 필요가 있다.

● **여러 직원 중에서 그 사람을 선택한 이유와 업무의 배경을 설명한다**

이것은 가장 중요한 포인트이다. 업무를 맡긴다는 행위를 업무량이라는 관점에서 볼 때, 상사에게는 업무기 줄이들고 부하 직원에게는 업무가 늘어남을 의미한다. 상사의 입장에서는 리더로서 본래 해야 하는 다른 중요한 업무에 시간을 우선적으로 배분할 수 있지만, 부하 직원의 입장에서는 일하는 시간이 늘어난다는 것을 가장 먼저 생각할 수밖에 없다.

연공서열에 기반을 둔 피라미드 조직이라면 상사가 업무 중 일부를 부하 직원에게 맡기고, 또 그 직원은 자기 밑에 있는 후배에게 일을 맡기는 식으로 조직 전체의 노동 생산성을 높일 수 있다. 하지만 그런 이상적인 인원 구성을 갖춘 조직은 매우 드물다. 사회 전체적으로 노동 시간을 줄이는 것을 강조하는 상황에서 부하 직원의 업무 부하를 가중시키는 새로운 업무를 맡기는 것은 쉬운 일은 아니다. 그 부하 직원이 본래 하던 업무의 일부를 자신의 부하나 후배에게 맡길 수 있다면 다행이지만, 그럴 수 없는 상황이라면 더더욱 그렇다.

그러므로 업무의 배경이나 그 업무를 맡기는 이유와 목적을 부하 직원에게 명확하게 전하지 않으면 부하 직원은 상사가 쓸데없는 일을 떠맡겼다는 생각을 가지고 그 업무에 임하게 된다. 그리고 시키니까 어쩔 수 없이 한다는 마음가짐으로 일을 하면 의욕뿐만 아니라 노동 생산성도 떨어지게 된다.

업무를 맡기는 배경으로는 여러 가지를 생각할 수 있다. 회사 방침의 변화로 인한 새로운 업무의 발생, 중기적인 경영 계획과 관련된 특별한 업무, 지금까지 상사가 했던 관리 업무의 이관,

인사 이동에 따른 업무 담당 교체 등 하루가 다르게 변화하는 기업 환경 속에서 그 배경을 찾기는 어렵지 않다.

그렇다면 업무를 그 부하 직원에게 맡기는 이유는 어떻게 설명하면 좋을까?

"지금의 업무를 한 지도 벌써 3년이 지났으니 슬슬 다음 단계로 넘어가야 하지 않겠나?"

"주임으로 승진했으니 한 단계 더 높은 수준의 업무에 도전해보자고."

"김 대리가 다른 부서로 이동을 한 상황에서 자네가 관리 업무를 보좌해줬으면 하네."

이처럼 일을 맡길 부하 직원의 위치가 어떻게 변화했느냐에 따라 설명 방법도 달라질 것이다.

그리고 이런 배경 정보와 함께 자신의 업무가 회사 전체에 어떤 기여를 하는지를 이해시키고 수긍하게 만들 수 있다면 부하 직원은 더욱 의욕적으로 업무에 몰두하게 될 것이다. 이것을 심리학 용어로는 '내재적 동기 부여'라고 하는데, '마음의 내면에서 흥미나 관심, 의욕이 생김으로써 동기를 부여받는 상태'를 가리킨다.

한편, 기업 연수 등에서 신임 과장에게 "어떻게 할 때 부하 직원이 의욕을 냅니까?"라고 물어보면 "역시 당근을 주는 방법이지요. 술을 사준다거나, 인사 평가를 좋게 해준다거나, 상여금은 기대하게 만든다거나, 은근슬쩍 승진 이야기를 꺼내는 거죠"라는 대답이 많이 돌아온다. 이것은 '외재적 동기 부여'라고 할 수 있다. 금전이나 음식, 명예 등 외부에서 주어지는 보상으로 동기를 부여하는 것이다. 가령 본인이 책 읽기를 좋아해서 독서 자체를 즐기는 것은 내재적 동기이지만, 시험에서 80점 이상을 받기 위해 책을 읽는 것은 외재적 동기가 된다. 안타깝지만 일반적인 리더가 할 수 있는 '외재적 동기 부여'는 고작해야 술을 한잔 사주는 정도이다. 그래서 일 맡기기의 달인은 내재적 동기 부여를 의식하면서 능숙하게 부하 직원에게 업무를 맡긴다.

● **업무의 개요를 분명하게 이야기한다**

업무를 맡길 때 주의해야 할 점은 먼저 어떤 업무를 맡길지 명확히 하는 것이다. 특히 구두로 지시할 경우, 이야기가 길어질수록 무엇을 해야 하고 무엇이 중요한지가 잘 전달되지 않는다. 가장 중요한 것은 부하 직원이 해야 할 행동이 무엇인지를 명확하게 제시하는 것임을 잊어서는 안 된다.

흔히 젊은 사원은 지시를 기다리기만 한다는 불만을 털어놓는 리더들을 자주 만나게 되는데, 정작 젊은 사원들의 말을 들어보면 그들은 단순한 지시가 아니라 제대로 이해할 수 있도록 지시해줬으면 좋겠다는 이야기를 자주 한다. 당연한 말이지만, 일을 맡기는 쪽도 일이 바쁘면 지시 내용이 소홀해지는 경우가 있을 것이다. 따라서 처음 한 번으로는 지시한 내용을 전부 파악하기가 어려우므로 확인도 할 겸 몇 차례 계속해서 지시하는 것도 좋은 방법이다. 반복해서 전달하면 부하 직원도 한 번만 지시했을 때보다 중요성을 인식하게 된다.

한편, 구두 지시만으로 끝낼 수 없는 수준이나 분량의 업무를 맡길 경우에 어떻게 해야 할지에 관해서는 1단계(128쪽)에서 다음과 같이 말한 바 있다.

- 누구에게 물어보는 것이 좋은가?
- 누군가에게 보고하고 연락하고 상담할 필요는 없는가?
- 다른 직원에게 의뢰할 일은 없는가?
- 작업할 것은 없는가?
- 조사할 것은 없는가?
- 검토할 것은 없는가?
- 누군가와 교섭할 필요는 없는가?

위의 내용을 정리해서 해야 할 일의 목록을 만든다. 이것을 '의뢰서 겸 인수서(130쪽 참조)'의 서식으로 만들어서 커뮤니케이션 도구로 삼으면 된다. 리더는 위의 사항을 작성해서 부하 직원에게 의뢰하는데, 일을 맡기는 시점에 문서를 완벽하게 작성한 필요는 없다. 물론 필요한 내용을 모두 작성해서 전달하는 것이 가장 좋지만, 난이도가 높은 업무의 경우 목적이나 업무 내용은 기재할 수 있지만 성과나 목표 결과에 대한 이미지가 없을 수도 있다. 이때는 목적이나 업무 내용만 작성한 상태로 문서를 전달한다. 그러면 일을 맡는 부하 직원은 미완성 상태의 의뢰서 겸 인수서를 받으면서 '성과와 목표의 이미지' 칸에 자신이 생각하는 이미지를 적어 넣고 "결과물이 이 정도면 될까요?"라며 상사와 의견을 교환할 수 있다. 이런 방식으로 꾸준히 의견을 교환하면 불필요한 일을 만들어서 하는 업무의 과잉을 피할 수 있다.

상사의 지시가 모호하면 부하 직원은 상사의 평가를 의식한 나머지 필요 이상의 일을 하려고 한다. 어떻게 보면 이것은 당연한 이야기이다. 모호하게 지시를 했어도 확실한 결과물을 내놓는 부하 직원은 상사에게 칭찬을 들으며 유능하다는 평가를 받을 수 있다. 그래서 과잉 업무가 사라지지 않는 것이다.

● 목표와 기대치를 분명하게 전달한다

업무를 맡길 때는 목표와 기한을 설정하는 것이 중요하다. 목표를 설정하는 이유는 평가 기준을 분명하게 하고, 구체적인 업무 진행 방법을 세우고, 주위 직원으로부터 협력을 얻기 위해서이다. 맡긴 업무를 어떤 수준으로 처리해야 할지, 달성했다고 말할 수 있는 기준은 무엇인지 미리 설정해놓는 것이 좋고, 가능하면 이를 수치화해두는 것을 권하고 싶다.

예를 들어 어떤 업무를 A에게 맡긴 상황에서 A에게 실수가 너무 많이 발생해서 B에게 새롭게 맡겨야 할 때가 있다. 이 경우 "○○ 부분에서 실수를 줄이도록 하게"라고만 지시한다면 B는 상사의 기대에 부응해서 최선을 다한다고 해도 자신이 구체적으로 어떤 행동을 해야 할지는 떠올리지 못한다. 그러나 "○○ 부분에서 실수를 20퍼센트 줄였으면 하네"라고 구체적으로 업무 기준을 전달하면, ○○ 부분에서 실수의 발생 빈도와 일시를 조사하고, 실수의 주된 원인이 되고 있는 작업을 다시 점검하는 등 자신이 해야 할 구체적인 행동을 쉽게 찾아낼 수 있다.

또한 그 업무를 B에게 맡긴다고 주위에 알리면서 명확하고 구체적인 목표를 제시하면, 다른 지원자가 나타날 가능성도 높아진다. B가 어떤 일을 하고 있는지 상사나 동료, 타 부서의 사원들이 이해하게 되므로 "저번 주의 신문에 이런 기사가 있었어"라든가 "이 분야라면 마케팅 팀의 박 대리가 잘 알고 있어"라며 조언을 해주는 사람이 나타날 수도 있다.

신입 사원이 들어오면 주위의 선배들이 기대의 눈빛으로 주목하면서 조직에 이런 분위기가 형성되는 경우가 많다. 신입 사원뿐만 아니라 기존 직원들 사이에서도 서로의 업무 목표를 이해하고 협력하는 조직을 만들기 위해서는 목표를 분명하게 하는 것이 중요하다.

● 수행의 책임을 확실하게 알려준다

부하 직원에게 업무를 맡긴 뒤에 '이제 완전히 내 손을 떠났군. 전임자로서 안심해도 되겠어'라고 판단할 수 있는 상태는 어떤 상태일까? 물론 일을 맡기는 리더가 기대하고 있는 수준을 얼마나 명확하게 전할 수 있느냐에 달려 있지만, 앞에서 말한 '목표'처럼 수치화할 수는 없는 경우도 있다. 설령 성공의 기준을 수치화했다고 해도 그 수치를 한 차례 달성하면 그것으로 끝인지, 일을 맡은 이상 지속적으로 그 기준을 100퍼센트 달성해야 하는지, 달성 수치의 기준은 변하지 않는지, 맡기는 범위나 기간은 얼마나 되는지 등에 따라서도 판단이 달라진다. 맡겨진 업무를 그냥 실행하면 되는 것인지, 납기 준수도는 어느 정도로 해야 하는지, 업무의 품질은 어떤지 등을 고려하기 시작하면 한도 끝도 없겠지만, 어떤 업무를 맡기든 공통되는 기준이 하나 있다. 바로 '책임'이다.

책임에는 '결과 책임'과 '수행 책임'의 두 종류가 있다. '결과 책임'은 업무를 맡긴 리더가 결과에 대해 지는 책임이다. "책임지겠습니다"라고 말할 때의 책임이 바로 '결과 책임'이다. 일이 잘 풀리든 안 풀리든, 자신이 했든 부하 직원에게 맡겼든 그 결과에 대해 책임을 추궁당하는 쪽은 리더이다. 그런 까닭에 자신이 하지도 않은 일까지 책임을 지는 것이 싫어서 부하 직원에게 좀처럼 일을 맡기지 못하는 상황이 벌어지기도 한다.

한편 '수행 책임'은 맡은 업무를 확실히 해내는 책임이다. "책임을 다하겠습니다"라고 말했을 때의 책임이 바로 직무 수행 책임을 가리킨다. 따라서 정도의 차이는 있지만 일을 맡긴다는 것은 결과에 대한 책임은 리더가 지되, 직원은 성실하게 수행 책임을 다하는 것이다.

따라서 리더는 업무를 부하 직원에게 맡길 때 업무 수행의 책임도 함께 부여해야 한다. 안 그러면 부하 직원의 무책임한 업무 수행의 결과 책임을 본인이 져야 할 수도 있다.

● 보고, 연락, 상담의 시기와 규칙을 분명하게 정한다

업무를 맡기면서 보고나 상담의 시기를 설정하지 않는다면 일을 떠넘겼다는 말을 들을 수 있다. 그렇다고 해서 "진척 상황은 어떤가?"라고 수시로 물어보면 부하 직원도 일을 하기가 힘들며 묘한 부담감을 느끼게 된다. 상사도 그럴 시간이 있으면 다른 일을 하는 것이 훨씬 생산적이다.

따라서 미리 보고, 연락, 상담의 기본적인 규칙과 시기를 정해 두는 것이 바람직하다. 예를 들어 하루 업무가 끝날 때 반드시 보고하게 할지, 일을 다 마친 뒤에 보고하게 할지, 중간 경과도 보고하게 할지, 보고할 때 미리 정리해야 할 사항이나 요점은 무엇인지 정도는 정해두어야 한다.

연락의 경우, 문제가 발생했을 때 베테랑 사원에게도 신입 사원처럼 작은 일이라도 연락하도록 요구할지, 생각하지 못한 사고가 발생하거나 일정 변경되었을 때 그때그때 연락하게 할지 등을 결정해야 한다. 어느 정도는 자주 업무와 관련된 연락을 받는 편이 상사로서는 안심이 된다. 그러다 어떤 시점이 되어 연락을 받을 필요가 없을 때에는 "더는 그렇게까지 안 해도 되네"라고 말해주면 된다.

상담의 경우는 특히 부하 직원이 젊을 때 습관을 들이기 바란다. 업무는 기본적으로 팀 단위의 활동이므로 업무 진행에 차질이 있거나 문제나 과제가 발견되었을 때 리더의 경험과 지혜를 이용해 지원하는 것이 기본이다.

내 강의를 듣는 대학생이나 기업의 신입 사원과 이야기를 나누면서 "언제까지 보고하고 상담하는 것이 중요하다고 생각합니까?"라고 물어보면 대부분은 "과장이 될 때까지는 중요하다고 생각합니다"라고 대답한다. 신입 사원이라면 주임이 과장에게 보고하는 모습 정도밖에 못 볼지도 모르지만, 굳이 설명하지 않더라도 보고하고 연락하며 상담을 하는 것은 최고 경영자가 될 때까지도 중요한 개념이다. 아니, 사장이 되어서도 주주에게 보고를 해야 하므로 회사생활을 하는 동안은 끊임없이 누군가에게 보고하고 상담해야 한다.

나는 업무 관계상 클라이언트의 사장에게 "다음 임원(이사)은 누가 좋을까요?"라는 질문을 자주 받는데, 독보적인 실적을 올리며 출세해온 사람이 반드시 등용되는 것은 아니다. 오히려 독보적은 아니지만 실적이 우수하면서 상사에게 보고하고 상담하는 것을 게을리 하지 않는 직원이 선택받을 때가 더 많다. 이것은 생각해보면 당연한 일이라고 할 수 있다. 사장의 업무는 회사의 방침을 정하고 중요 사항의 의사 결정을 하는 것이다. 잘못된 의사 결정을 하지 않도록 가능한 한 확실한 정보를 가져다주는 사람이 아니라면 경영진에 포함시키기가 망설여질 것이다.

● 재량으로 진행해도 되는 범위를 명확하게 알려준다

직원의 재량 범위를 명확하게 결정해주지 않으면 일을 맡는 쪽은 고생하게 된다. 부하 직원이 있는 직원에게 일을 의뢰할 경우는 특히 그렇다. 부하 직원이라고 해도 신입 사원이 아닌 이상 후배나 외주업체의 사원, 파견 사원, 프로젝트 멤버 등 어떤 형태든 부하라고 말할 수 있는 사람을 두고 있기 마련이다. 그런데 일일이 상사의 지시를 받아야 일을 진행할 수 있다면, 사람을 부릴 수 없을 뿐만 아니라 '이 사람, 무능한 거 아닌가?'라며 부하 직원들에게 무능력자로 취급받을 수도 있다.

앞에서 말했듯이 결과의 책임(의사 결정의 책임)을 지는 것은 관리자이며, 직무 수행 책임을 다해야 하는 것은 실무를 진행하는 사람들이다. 그런데 일을 맡길 때 실무의 재량 범위를 명확하게 정해주지 않으면 업무를 제대로 진행할 수 없을 뿐만 아니라 업무의 과잉이나 부족이 발생하기도 한다.

그리고 일을 맡긴 이상, 자신의 의견과 다소 다른 견해를 제시하더라도 쉽게 그 의견을 무시해서는 안 된다. 만약 자신의 생각대로 행동할 것만을 원한다면, 일을 맡기는 리더는 일을 맡긴 부하 직원의 아래에 있는 직원에게 "제가 책임자이지만 일을 진행하는 것은 그 사람이니 무슨 일이 있으면 그에게 이야기하십시오"라는 정도의 말을 해주어야 한다. 그렇지 않으면 일을 맡은 부하 직원은 자기 아래에 있는 직원들에게 무시당할 가능성이 높다.

참고로 업무에 대한 재량이 없다는 것은 맡은 업무에 대해 의사 결정권과 발언권이 없으며, 자신의 방식으로 업무를 진행할 수 없는 상태를 의미한다. 이런 상태에서는 자신의 능력을 발휘하고 향상시킬 기회도 제한되기 때문에 일을 맡은 직원은 보람을 느끼지 못하고 괴로운 마음으로 일하게 된다. 그리고 여기에 상사가 과도한 업무를 요구할 경우 스트레스로 인해 정신적 문제를 겪을 수도 있다.

● 지원이 필요한 부분을 분명하게 한다

부하 직원에게 생소한 업무를 맡기려면 그 직원이 어렵다고 느낄 수 있는 부분, 지원이 필요한 점을 미리 예상하고 대비책을 마련해두어야 한다. 이것은 일을 맡기는 쪽의 위험 관리이다.

먼저 일을 맡길 부하 직원이 무엇을 잘하고 무엇을 잘 못하는지, 경험과 능력은 어느 정도인지를 파악하고 이를 바탕으로 업무의 난이도를 적절하게 설정해야 한다. 다만 이때 업무의 어려운 정도뿐만 아니라 쉬운 정도에 관해서도 고려해야 한다. 부하 직원의 능력이나 경험에 비해 너무 어려운 일을 맡기면 부하 직원은 불안해하며 과도한 압박감을 느낀다. 반대로 너무 간단한 일을 맡기면 자신의 능력을 과소평가한다고 느낄 우려가 있다. 본인에게 약간 어려운 정도의 일을 맡기는 것이 가장 이상적이다.

또한 부하 직원의 의욕 상태도 확인해두는 것이 바람직하다. 우수한 부하 직원의 경우에는 일을 맡긴 다음 실무적인 지원만 해주면서 성과를 냈을 때 인정해주면 된다. 그러나 자기 효능감(자신이 바라는 결과를 얻는 데 필요한 일을 실행할 수 있다는 확신)이 낮은 부하 직원의 경우는 좀처럼 적극적으로 업무를 처리하지 못하는 경우가 있다. 그 결과 한정된 업무밖에 맡지 못하고 이 때문에 노력할 기회조차 얻지 못하는 악순환에 빠져 있을지도 모른다.

일을 맡기는 리더는 '부하 직원이 왜 일을 잘 못하는가?'라는 부분을 이해하고 의식적으로 그 직원의 장점을 찾아내려 노력하면서 부하 직원을 상대할 필요가 있다. 가능하면 칭찬해줄 기회를 엿봐서 사소한 일이라도 성과를 인정해주는 것도 좋다. 인정을 받으면 자신감이 생기고 자기 효능감이 높아져서 이전보다 적극적으로 일을 추진할 수 있게 되는 선순환이 일어날 가능성이 높아진다.

업무를 맡겼다고 해서 그것으로 끝이 아니다. 일을 맡긴 뒤에는 정성껏 지원을 해준다는 자세가 필요하다. 하지만 부하 직원으로부터 조언이나 도움의 요청을 받았을 때 자칫 안일하게 대응하면 리더에게 무조건적으로 의존해버릴 수 있으므로 부하 직원의 경험과 능력을 파악하고 대응하는 것이 바람직하다.

다만 부하 직원이 무리해서 애쓰고 있는지는 신경을 쓸 필요가 있다. 적극적으로 조언을 해주고 도움을 제안하거나 다른 멤버에게 상황을 살피게 하는 등의 방법을 생각해볼 필요가 있다. 또한 상대를 억지로 설득해서 자신과 똑같이 생각하도록 만드는 것은 금물이다. 어디까지나 지원을 해주는 수준에 머물러야 하며 자신의 방식대로 일을 처리하게 강요해서는 안 된다.

● 아직 결정되지 않은 부분을 명확하게 알려준다

　　　　일을 맡길 때 필요한 정보가 전부 갖춰져 있으리라
는 보장은 없다. 지금까지 리더 자신이 직접 진행하고 있던 업무
라면 맡기는 부하 직원에게는 난이도가 높을 것이다. 따라서 상
세한 정보까지 업데이트해서 인계해서 업무 진행에 최대한 도
움을 줄 필요가 있다.

　리더 자신의 재량 범위 밖에서 업무가 결정되어 내려오는 경
우도 있다. 임원회의에서 아직 승인이 나지 않았다거나 영업부
와 조정이 이루어지지 않았다, 부장의 승인을 받지 못했다, 프로
젝트의 구성원이 아직 결정되지 않았다거나 하는 일이 자주 일
어난다. 이처럼 일을 맡길 때에는 리더의 권한 밖에 있는 일이라
도 아직 결정되지 않은 부분과 알지 못하는 부분까지 분명하게
전달해서 이후의 변동 사항에 대처할 수 있도록 해야 한다.

객관적인 상황과
개인의 노력을 구분하는 비결

● **보고에서는 객관적 상황만 판단한다**

보고를 받을 때에는 업무의 진행 상황과 부하 직원
의 노력이나 성장 혹은 변명을 분리해서 받아들이는 것이 무엇
보다 중요하다. 하지만 많은 리더들이 이 두 가지를 혼동하는 경
우가 많다. 먼저, 업무 상황을 확인한다는 것은 다음의 네 가지
를 확인한다는 뜻이다.

• 계획대로 순조롭게 진행되고 있는가, 그렇지 못한가?
• 업무가 순조롭게 진행되고 있지 않다면 그 원인은 무엇인가?

- 업무의 원활한 진행을 위해서는 어떤 지원이 필요한가?
- 문제를 해결한 후에는 계획이 어떻게 수정되는가?

업무 보고에는 자신이 얼마나 고민하고 노력을 했으며 어떤 새로운 능력을 키웠는지 혹은 업무를 제대로 처리하지 못한 핑계나 변명과 같은 주관적인 정보가 포함되어 있을 수 있다. 이럴 경우 리더는 주관적 정보를 완전히 배제하고 객관적 시각을 유지해야 한다. 리더가 가지고 있는 주관적 정보와 객관적 정보가 섞이면 정말로 중요한 상황과 문제가 명확해지지 않으므로 주의해야 한다.

부하 직원은 의식적으로든 무의식적으로든 자신이 얼마나 노력을 쏟았고 그 과정에서 얼마나 능력이 향상되었는지를 인정받고 싶어 한다. 보고를 할 때에도 최대한 객관적이려고 하지만 결국은 자신이 원활하게 진행한 부분만을 연결해서 깔끔하게 자신의 성공담을 만들어버린다. 리더도 부하 직원의 성장 앞에서는 자신도 모르게 너그러운 마음이 되어 '아직 부족하지만 과거에 형편없던 실력을 생각하면 이 정도까지 해낸 것이 대견하군' 하며 기뻐하는 경우도 있을 것이다.

직원들이 업무에 대한 핑계를 대거나 변명을 하고 싶어지는 심리도 이해는 할 수 있다. 누구나 실패를 했을 때 가장 먼저 떠오르는 생각은 '내가 그렇게 크게 잘못한 건 아니야' 하는 자기 변명이다. '애초에 일을 맡았을 때의 환경에 나빴어'라고 상황을 탓하거나 '일을 맡은 타이밍이 좋지 않았어', '리더의 설명이 좋지 않아서 내가 오해했던 거야'라며 상사에게 책임을 돌리는 등 책임감이나 중압감으로부터 도망치려 하는 것 또한 인간의 본능이기도 하다. 특히 유아적인 성향에서 벗어나지 못한 어른의 경우에는 혼나는 것을 두려워하여 자신의 잘못을 덮는 데 급급한 경우도 있다.

무엇보다 회사원이라면 자신의 인사 평가에 영향을 미치지 않을까 하는 두려움이 가장 클 것이다. 실패를 인정했다가 무능한 직원, 신뢰할 수 없는 직원, 일을 못하는 직원이라는 꼬리표가 붙는 상황은 피하고 싶기 마련이다. 부하 직원은 이런 심리에서 변명을 하게 되지만, 상사의 입장에서는 부하 직원의 변명하는 습관을 고쳐주고 싶을지도 모른다. 하지만 일단은 꾹 참고 객관적인 자료를 바탕으로 냉정하게 보고를 받을 필요가 있다.

● 정기적으로 보고받고 지시한다

부하 직원의 보고 내용에서 '업무의 상황'과 '노력 또는 변명'을 구분해서 정리한 뒤에는 새로 지시를 하게 된다. 지시를 할 때에는 명확하게 하는 것이 중요한데, 앞에서 열거한 네 가지 확인 사항을 통해서 정확한 업무 상황을 파악해야 명확하게 지시할 수 있다. 여기에서 말하는 명확함은 단순히 전달 방법의 문제가 아니라 상황에 맞는 지시를 의미한다.

다만 특별한 이유가 없는 이상 즉흥적으로 보고를 요구하는 것은 삼가하도록 주의해야 한다. 예정대로 업무를 진행하고 있는 부하 직원의 작업량이 불필요하게 늘어날 뿐만 아니라 리더에 대한 신뢰에 의심을 품게 되기 때문이다. 그렇게 되지 않도록 "5월에 첫 번째 보고를, 7월에 중간 보고를 해주게. 이 부분하고 이 부분이 핵심이니까, 이 시점에서는 상황을 확인하고 싶네"와 같은 식으로 보고 규칙을 정해놓는 것이 좋다.

● **업무 상황은 한눈에 볼 수 있게 정리해둔다**

일을 맡긴 직원의 업무 진행 상황을 파악하기 위해서는 진척 상황을 한눈에 확인할 수 있도록 정리를 해놓도록 하고, 적절한 시기에 보고, 연락, 상담이 이루어지도록 해야 한다.

진척 상황을 한눈에 볼 수 있도록 하기 위해서는 시간 관리를 위한 일정표뿐만 아니라, 실적에 관한 지표(매출액, 이익액, 비용 등)나 진행 상황 등에 관한 지표(수율, 재고 회전율 등) 등도 서식을 만들어 달성률을 알기 쉽게 표시해두는 것이 좋다. 균형 성과표(208쪽 참조)를 도입한 조직이라면 핵심수행지표(KPI)를 사용하기 바란다.

또한 보고, 연락, 상담의 시기는 시스템화해놓는 것이 좋다. 정례 회의의 마지막 20분을 업무 지원을 위한 시간으로 사용하거나 업무 일보 혹은 주보나 월보 등을 통해서 보고하게 하는 것이 가장 전통적인 방식이자 정석으로 통하는 방법이다.

다만 가능하다면 이렇게 강제적인 시스템을 도입하기보다 부하 직원들이 자발적으로 보고, 연락, 상담하도록 수준을 끌어올리는 것이 바람직하다. 이를 위해서는 리더가 일상적으로 열린 커뮤니케이션을 할 수 있는 분위기를 만드는 것이 중요하다. 평소에 리더와 부하 직원이 차질이 생길 것 같은 사항에 관해 함께 머리를 맞대고 고민하는 분위기가 바로 그것이다. 그러면 단순히 부하 직원이 리더에게 보고, 연락, 상담을 하는 것이 아니라, 리더가 부하 직원에게 보고하고 상담하는 경우도 자연스럽게 늘어날 것이다.

[5 단계]
업무가 끝나면 어떻게 피드백을 할까?

●   의외로 맡긴 업무가 완료되었음을 알려주는 것을 간과하는 경우가 많은데, 이는 매우 중요한 단계이다. 부하 직원에게 업무의 완료는 일이 마무리되는 것과 동시에 간단한 수준이더라도 리더에게 피드백을 받는 것까지 포함된다.

실제로 "고맙네"라고만 말할 뿐 업무의 내용이나 만듦새에 관해서는 피드백을 하지 않는 경우가 많다. 많은 리더가 1년에 한두 차례 있는 인사 평가 기간에 몰아서 피드백을 주면 된다고 생각하는 경향이 있다. 또한 리더가 바쁠 때나 성과가 기대에 미치지 못했을 때에는 업무가 마무리되었음을 알려주지 않은 채 흐지부지하게 끝내버리는 경우도 적지 않다. 특히 최악의 경우는 부하 직원 모르게 다른 부하 직원에게 그 업무를 인수해버리는 것이다.

기업에서 관리직에 올라가기 직전이나 직후인 사람에게 "사회인이 된 뒤로 어떨 때 기분이 좋았거나 의욕이 높아졌습니까?"라고 물어보면 대부분은 "상사나 고객에게 칭찬받았을 때입니다", "한 사람 몫을 해낼 수 있다고 인정받았을 때입니다", "일을 잘했다고 칭찬받았을 때입니다"라고 대답한다. 칭찬받았다, 높게 평가받았다, 한 단계 성장했다고 실감했을 때 의욕이 높아지는 것은 틀림없는 사실이다.

일을 맡기는 것의 완료를 선언할 때에는 적정한 피드백을 하는 것이 바람직하다. 좋은 피드백을 할 수 있으면 다음에 맡겨야 할 업무가 생겼을 때 원활하게 맡길 수 있다.

● **기억해두어야 할 피드백의 3원칙**

피드백은 부하 직원의 일하는 방식이나 방법에 대한 상사의 리액션으로, 주어진 업무를 처리한 (혹은 처리하지 못한) 결과를 되돌아보고 "이렇게 하면 좀 더 좋았을 거야"와 같은 조언을 하는 행위를 의미한다. 피드백이라고 하면 결과에 따라서 칭찬을 하거나 질책을 하는 것이라고 단순하게 생각하는 사람이 많은데, 이렇게 생각하면 떼를 쓰는 아이를 어르고 달래는 것과 다를 바가 없다. 피드백은 어디까지나 성인들 사이의 커뮤니케이션이므로 존중의 개념이 들어간다.

첫째, 피드백은 일을 맡긴 상대의 행동에 대해서만 한다. 이것은 인사 평가에서 행동 평가 피드백과 똑같다고 생각하면 된다. 본인의 (잠재적인) 능력이나 성격, 과거의 경험에 대해서 평가하는 것이 아니다. 그러므로 "이야, 자네는 역시 우수하군. 훌륭해"라든가 "이번에는 의욕이 높았군" 같은 긍정적인 말을 듣는다면 기분이 나쁘지 않겠지만, 이런 피드백은 다음의 구체적인 행동으로 이어지지 않는다. 삐딱한 부하 직원이라면 '저번에 갔던 연수회에서 부하를 칭찬해주라는 말이라도 들은 모양이군'이라고 생각할지도 모르고, 원래부터 자신감이 넘치는 부하 직원이라면 더더욱 기고만장해질 우려가 있다.

반면에 리더에게 "아직 마무리가 허술해" 같은 부정적인 말을 듣고 '뭐라고? 어디 두고보자. 다음에는 아무 말도 못하게 해주겠어!'라는 반발심에서 더 열심히 일했던 경험이 있는 사람도 많을 것이다. 하지만 "허술해!"라고 지적만 할 뿐 구체적인 행동으로 연결시킬 수 있는 힌트를 주지 않는다면 피드백이 되지 않는다.

"안타깝지만 목표를 달성하지 못한 건 변명의 여지가 없군" 같은 말도 마찬가지이다. 목표를 달성하지 못한 것은 부하 직원두 잘 알고 있으므로 단순히 잔소리를 듣는 기분밖에 들지 않는다. 일을 맡은 부하 직원이 정말로 알고 싶어 하는 것은 자신의 행동 중 어떤 문제가 있어서 목표를 달성하지 못했으며, 어떻게 해야 다음에는 목표를 달성할 수 있는지이다. 이것을 말해주는 것이 피드백이다.

둘째, 피드백은 감정이 아니라 의견을 전하는 것이다. 리더의 피드백은 보고를 받고 그 자리에서 조언을 해주거나 업무 지시를 하는 것이 아니라 자신의 의견을 말해주는 것이다. 질책이나 매도, 비난이라는 부정적인 감정을 드러내거나 "여기까지 하다니 대단해!"라고 칭찬하는 것도 아니다. 부하 직원의 성장이나 향후의 커리어로 이어질 수 있는 건설적 피드백이 필요하며, 그러기 위해서는 피드백의 내용이 무엇보다 중요하다.

그 직원에게 맞는 올바른 피드백을 주기 위해서는 평소부터 부하 직원에게 관심을 갖고 부하 직원의 강점과 약점, 잘하는 것과 못하는 것, 무엇에 관심이 있고 무엇에서 보람을 느끼는지 등을 파악해놓아야 한다.

셋째, 피드백은 말로 직접 전달한다. 말은 이렇게 하지만, 사실 나도 아내한테는 왠지 부끄럽기도 해서 하고 싶은 말을 솔직하게 하지 못한다. 동양 사람들에게는 '말하지 않아도 알아줄 거야'라고 생각하는 문화가 있는 까닭에 자신도 모르게 말을 하지 않고 생각만으로 알아주기를 바라는 경향이 있다.

하지만 업무를 진행하는 과정에서 피드백이 되지 않으면 어떻게 될까? 부하 직원이 기껏 좋은 행동을 했는데 상사가 반응이 없으면 상사가 나를 제대로 평가하고 있지 않다는 불안감이나 불만이 커지기 마련이다. 그리고 이런 감정이 높아지면 조직 전체의 사기에도 영향을 끼친다.

반대의 경우도 마찬가지이다. 바람직하지 않은 행동을 해도 피드백이 없으면 부하 직원은 '이 정도는 묵인해주는구나' 혹은 '이 정도는 해도 되는구나'라는 생각을 하게 된다. 이 또한 조직 전체의 사기나 도덕에 악영향을 끼칠 위험성이 있다.

● 어떤 피드백을 할 것인가?

긍정적인 피드백을 할 경우, 바람직하다고 생각한 부하 직원의 행동이 무엇인지 이야기해주고 어떤 점이 좋았는지를 직접 말로 전하는 것이 중요하다. 이것은 매슬로우의 욕구 5단계설에서 말하는 존중 욕구를 충족시켜주는 것이다. 존중 욕구란 자신이 조직으로부터 가치 있는 존재로 인정받고 존중받기를 원하는 욕구다. 이 욕구가 방해를 받으면 열등감이나 무력감 등의 감정이 생겨난다. 바람직한 행동에 대해 긍정적인 피드백(포상)을 해주면 부하 직원은 다시 포상을 받고 싶다는 생각에 같은 행동을 하게 된다.

이때 리더가 의식해야 할 점은 부하 직원의 성장을 바라는 진실한 마음에서 긍정적인 피드백을 할 때 효과가 있다는 사실이다. 또한 이때 가장 중요한 것이 상대에 대한 존중이다.

"당신은 부하 직원의 장점을 얼마나 말할 수 있습니까?"라고 물었을 때, 제대로 대답하지 못하는 리더는, 심한 표현일지도 모르지만, 부하 직원에 대한 존중이 부족하다고 할 수밖에 없다.

그렇다면 어떻게 피드백을 해야 할까?

첫째, 어떤 행동이 가장 좋았는지 구체적으로 말해준다. 특히 경험이 부족한 젊은 사원은 구체적으로 말해주지 않으면 무엇이 좋았는지 인식하지 못한다. 가령 입사 1~2년차 정도의 사원에게 "이 보고서 잘 만들었더군. 장래성이 있어"라고 말한 뒤 "그런데 자네는 어떤 부분이 좋았다고 생각하나?"라고 물어보면 대답을 하지 못하거나 횡설수설하는 경우가 많다.

또한 구체적인 내용 없이 한두 마디의 칭찬만 하고 끝내면 '공치사 같아', '어떻게든 칭찬할 거리를 찾으려는 게 눈에 보이네'와 같이 오히려 부하 직원의 반감을 살 수도 있다. 하지만 사실에 근거를 두고 구체적인 행동을 지적해서 칭찬한다면 상대로서는 기쁘게 생각할 것이다.

그리고 최대한 빠른 시간 안에 피드백을 하는 것도 중요하다. 좋은 점을 발견하면 그때그때 피드백을 하도록 노력하기 바란다. 시간이 흐를수록 칭찬해줘야 할 사항에 대한 인상이 희미해져서 피드백 하는 것을 깜빡할 수 있기 때문이다.

둘째, 좋은 행동이 좋은 결과를 가져온다는 것을 가르쳐준다. 조직의 말단에서 일하는 부하 직원에게 리더처럼 높은 당사자 의식을 갖고 활동할 것을 기대하는 것은 무리이다. 하지만 부하 직원 또한 자신의 행동이 조직에 어떤 영향을 미치는지 알 때 비로소 자신이 하는 업무의 의미를 인식하게 된다. "자네가 보고서를 잘 만들어준 덕분에 거의 손을 보지 않고 그대로 영업 회의에서 사용할 수 있었네. 부장님이 자네한테 직접 물어보실지도 모르니 잘 부탁하네"라고 말해준다면 자신이 한 일이 전체 업무 프로세스에서 차지하는 의미를 어렴풋하게나마 깨달으며 더욱 일에 매진할 수 있을 것이다. 아직 불안한 것이 많은 젊은 사원은 작은 칭찬에도 일에 대한 의욕을 얻을 수 있다. 과장스럽게 칭찬할 필요는 없으며, 작은 긍정적 피드백으로도 충분한 효과가 있다.

셋째, 앞으로 어떤 행동을 기대하는지 전달한다. 상사로서 무엇을 기대하고 있는지, 무엇을 해주기를 바라는지 전달하는 것이 바람직하다. 앞에서 이야기한 첫 번째, 두 번째의 피드백만으로도 일정 수준의 효과는 기대할 수 있지만, 더 큰 효과를 위해 앞으로 기대하는 바에 대해 확실하게 전달하는 것이 좋다.

앞에서 제출받았던 보고서 건의 경우도 "앞으로도 그런 정확도 높은 분석 보고서를 기대하겠네. 조사와 분석은 정확도와 신선도가 생명이야. 그 기본을 잘 지키면 상부의 높은 평가를 얻기도 쉬울 걸세"라고 말해주면 좋을 것이다. 이것은 '칭찬'이 아니므로 구체적인 사실을 담담하게 말해주는 것이 좋다.

● **때로는 부정적인 피드백도 필요하다**

"칭찬으로 부하 직원을 성장시키자!"라는 기업 분위기에 위화감을 느끼는 리더가 적지 않다. 자신이 성장한 과정을 되돌아보면 긍정적인 피드백보다 부정적인 피드백이 많았다고 생각하기 때문이다. 물론 이렇게 생각하는 데에도 일리는 있다. 현재 리더의 자리에 있는 사람들은 긍정적인 피드백을 해주는 상사 밑에서 성장한 경우보다 가혹한 시련과 호통을 견뎌내고 자신의 힘으로 지금의 지위를 쟁취한 경우가 훨씬 많기 때문이다. 그래서 지옥을 경험하는 것이 사람을 성장시킨다는 것을 몸으로 이해하고 있다.

다만 부정적인 피드백이라고 해서 과거의 상사처럼 부하 직원의 좋지 못한 업무 성과를 질책하거나 인간성에 대해 부정적인 발언을 해서는 안 된다. 어디까지나 문제가 되는 행동을 지적하고 의견을 말하는 것이 중요하다. 부정적인 피드백(문제 행동의 지적)을 할 때에는 다음의 일곱 가지 포인트를 주의해야 한다.

- 구체적인 행동을 지적한다: 구체적이라는 점은 긍정적인 피드백과 같지만, 부정적인 말을 하고 싶어 하는 사람은 없다. 그래서 완곡한 표현으로 모호하게 말하거나 추상적인 표현만 늘어놓는 경우가 적지 않다. 하지만 그래서는 부하 직원의 발전을 기대하기 어렵다. 힘들더라도 구체적으로 잘못된 점을 지적해주는 것이 좋다.
- 우선순위를 생각한다: 개선을 요구하는 점이 많으면 부하 직원은 제대로 소화해내지 못한다. 중요한 개선 항목을 요약해서 우선적으로 전달하는 것이 좋다.
- 철저히 준비한다: 부정적인 피드백을 할 때는 설령 평범하게 할 수 있는 말이라 해도 좀 더 깊게 생각해서 이야기할 필요가 있다. 이를 위해서는 평소부터 부하 직원이 일하는 모습을 유심히 관찰하고 성격 특성이나 지향성 등을 파악해두는 것이 바람직하다.
- 일찍 전한다: 시간이 지나갈수록 의미가 잘 전달되지 않게 된다. "저번 달 회의에서도 똑같은 말을 했었던 것으로 아는데"라는 식으로 이야기하며, '알고 있었으면 그때 말을 해주

지 왜 지금 와서 이러는 거야?'라며 오히려 화를 내는 사람
도 있다.

- 자존심은 지켜준다: 사람들 앞에서 부정적인 피드백을 하면
  순종적이 되어서 리더의 이야기에 귀를 기울일까? 그 반대
  다. 귀를 기울이기는커녕 '굳이 사람들 앞에서 창피를 줄 필
  요는 없잖아?'라고 생각하며 반발할 기능성이 더 높다.

- 깨달음을 줄 기회로 삼는다: 상사의 일방적인 피드백은 부하 직
  원의 마인드에 따라 효과에 편차가 생긴다. 매사를 긍정적
  으로 생각하는 직원은 상사의 피드백을 있는 그대로 받아들
  이지만, 모든 것에 부정적인 직원의 경우에는 오히려 반발
  심만 커질 수 있다. 따라서 상대에게도 자신의 의견을 말하
  게 하고 질문을 던짐으로써 직접 깨닫게 하는 편이 좋다.

- 정중하게 전한다: 앞에서 상대를 존중하는 것이 피드백의 전
  제라고 말했는데, 문제나 과제를 지적할 때에도 존중하는
  마음을 가지고 정중하게 전달할 필요가 있다.

이런 부분들에 대한 배려가 없으면 상사 갑질이 될 수도 있다.
반대로 상사 갑질 방지 교육을 받고 지나치게 겁을 먹은 나머지
어떻게 말을 해야 할지 갈피를 잡지 못하는 리더도 많은 것 같
다. 하지만 이상의 일곱 가지 포인트에 따라 담담하게 피드백을
한다면 문제될 것은 전혀 없다. 이상의 단계를 원활하게 진행하

기 위해 리더가 평소 부하 직원에 대해 관찰하고 파악해둘 필요
가 있는 것들을 간단히 정리하면 다음과 같다.

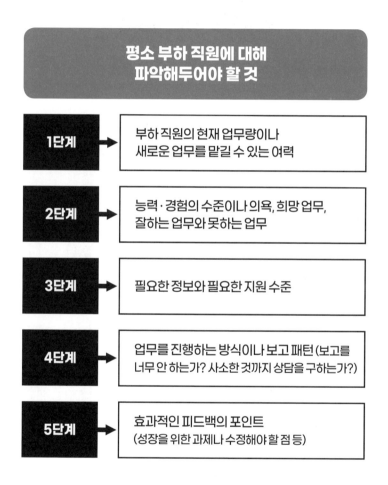

평소 부하 직원에 대해
파악해두어야 할 것

1단계 → 부하 직원의 현재 업무량이나
새로운 업무를 맡길 수 있는 여력

2단계 → 능력·경험의 수준이나 의욕, 희망 업무,
잘하는 업무와 못하는 업무

3단계 → 필요한 정보와 필요한 지원 수준

4단계 → 업무를 진행하는 방식이나 보고 패턴(보고를
너무 안 하는가? 사소한 것까지 상담을 구하는가?)

5단계 → 효과적인 피드백의 포인트
(성장을 위한 과제나 수정해야 할 점 등)

뛰어난 리더들이
남몰래 하는 행동

●   일을 잘 맡기기 위한 5단계 이외에도 좀 더 알아두면 도움이 되는 노하우가 있다. 바로 일을 맡기는 데 능숙한 리더가 남들 몰래 하고 있는 행동이 그것이다. 비슷한 능력을 가지고 있는 것 같아도 어떤 리더는 모든 일을 무리 없이 자연스럽게 처리하는 반면 어떤 리더는 크고 작은 문제를 일으키는 경우가 있다. 이런 차이가 단순히 일을 맡기는 기술에서 비롯되는 것은 아니다. 일을 맡기는 데 능숙한 리더가 되기 위해서는 지금까지 설명한 부하 직원에 대한 이해뿐만 아니라 리더 자신도 다음과 같은 준비가 필요가 있다. 지식을 습득하고 기술을 향상시키는 것 이외에도 해야 할 일이 있는 것이다.

● 인맥 만들기

　　일을 맡기는 데 능숙한 리더라는 주제와 상관없이 직장 안에서 승진을 하는 리더는 정도의 차이가 있지만 사내 인맥이 풍부하다는 공통점이 있다.

　기업의 리더십 연수에서는 "미래를 짊어질 간부 후보들이 모여 있으니, 연수 기간 동안 친분을 쌓아 연수 이후에도 서로 연락을 주고받으며 관계를 유지하길 바랍니다"라고 분위기를 만들어주어도 실제로 연수가 끝난 뒤에 계속 연락하는 사례는 적은 듯하다.

　사외 인맥을 만들려면 노력이나 비용이 들어가므로 실무에 바쁜 리더에게는 한계가 있을지도 모른다. 그러나 사내 인맥은 그다지 비용도 들지 않으며, 회사에 대한 공통적인 주제가 있기 때문에 담당 실무를 진행하는 과정에서 인적 네트워크를 만들어나갈 수 있다. 사외에서 만난 사람은 명함만 교환할 뿐 인맥이 되는 경우가 거의 없지만, 사내 인맥의 경우는 안면이 있는 정도라고 해도 인맥이라고 부르기에 충분할 정도의 관계를 쉽게 쌓을 수 있다. 이처럼 사내 인맥을 쌓아두면 다음과 같은 네 가지 이점이 있다.

- 업무를 진행하기가 수월해진다: 곤란한 상황에 처했을 때, 도움을 줄 수 있는 상대를 알고 있다면 문제를 해결하기가 쉬워

진다. 관련 업무가 끝난 이후에 친목회라도 한다면 관계는 더욱 깊어진다.

- 정보량이 늘어난다: 비즈니스는 정보 싸움이다. 하물며 리더라는 위치에 있을 경우 얼마나 정확하고 신뢰도 높으며 다양한 정보를 빨리 입수하는지가 중요하다는 사실은 굳이 설명할 필요도 없을 것이다.

- 사내에서의 위치가 높아진다: 사내 인맥이 넓은 리더는 부하 직원에게 존경받으며 자신의 조직 외부에서의 지위도 높아진다. 사내에서 업무 개혁 같은 자신의 조직을 뛰어넘는 프로젝트가 시작될 때에는 그 프로젝트 팀의 멤버로서 가장 먼저 호출될 가능성도 높고, 그 결과 인맥은 더욱 넓어지고 자신의 능력을 펼칠 기회도 얻을 수 있다.

- 출세로 연결될 가능성이 높다: 리더급이 되면 인사 평가 성적을 쌓는 것만으로는 승진하기 어렵다. 인사 평가의 점수는 승진 후보자에 오르기 위한 참고자료일 뿐이다. 더 높은 자리에 오르기 위해서는 간부의 위치에 있는 사람이 이끌어줘야 하는데, 간부들은 아무래도 자신의 인맥에 속하는 사람을 승진시키고 싶어 할 수밖에 없다. 특히 간부들은 임면의 책임이 있기 때문에 얼굴조차 본 적이 없는 부하 직원을 추천하는 것은 용기가 필요한 일이다.

인맥이 넓은 사람은 이런 이점들을 실감하고 있기에 부하 직원에게 맡긴 일이 마지막까지 원활하게 진행되도록 하기 위해서라도 필요한 인맥을 적극적으로 소개해준다. 특히 기대를 걸고 있는 부하 직원에게는 단순히 업무에 도움을 주기 위해서가 아니라 출세를 위한 기회를 주기 위해서 자신의 인맥을 연결해줄 수도 있다.

● **상사의 업무를 파악한다**

조직에는 '명령 일원화의 원칙'이 있다. 이는 조직이 혼란에 빠지지 않도록 하기 위해 어떤 업무를 진행할 때에는 특정한 상사 한 명에게 지시를 받도록 하는 것이다. 이 원칙에 따르면 사장이 직접 지시하는 특명 사항을 제외하고는 항상 직속 상사에게서 업무 지시를 받게 된다. 그럼에도 상사의 업무나 업무 환경, 행동 특성 등을 파악하지 않는 리더가 많다. 비즈니스 서적을 보면 부하 직원의 업무와 강점을 파악하라고 이야기하는 책은 많지만 상사에 관해 언급한 책은 의외로 적다.

예를 들어 상사가 항상 외출 중이거나 회의 중이어서 얼굴을 보기 힘들고, 그 때문에 상사에게 결재를 받기 위해 시간이 지체되는 것은 직장에서 어렵지 않게 볼 수 있는 상황이다. 하지만 속도가 생명인 현대 사회에서 결재를 받지 못해 일이 지연되는 것은 어떻게든 피해야 한다. 업무 속도가 느린 리더를 보면 상사의 일정을 파악하고 있지 않은 경우가 대부분이다. 중요한 회의를 앞두고 있어서 회의 준비에 정신이 없는 상사에게 말을 걸어 심기를 불편하게 만드는 경우도 종종 있다.

반면에 업무 속도가 빠른 리더는 상사의 일정이나 기분을 정확하게 파악하고 있는 경우가 많다. '금요일에는 아침부터 기분이 좋으므로 어려운 결재는 금요일 점심시간 직후가 좋다'라든가 '영업 회의 직전에는 항상 신경이 곤두서 있으므로 복잡한 상담은 피하는 편이 좋다', '기본적으로 점심시간 전에는 미간을 잔뜩 찌푸리고 있지만 점심시간이 지나면 표정이 환할 때가 많으니 그때가 최적의 타이밍이다' 등 상사의 일거수일투족을 정확하게 파악하고 있다.

이런 사람은 월 단위, 주 단위로 상사의 일정을 확인하고 있다. 따라서 어떤 타이밍에 품의서를 올려야 하는지와 같은 현재 자신의 업무를 추진하는 데 도움이 되는 정보뿐만 아니라 새로운 업무가 내려올 시기도 정확하게 파악하고 있다. 일정만이 아니라 상사의 능력이나 행동 특성도 파악해서 조직의 커다란 움직임을 감지하거나 어떤 업무가 내려올지를 예상하고 그전에 준비를 진행하는 것이다.

● 다른 리더의 방식을 관찰한다

　우수한 리더는 모두 열심히 공부한다. 회사에서 제공하는 연수는 물론이고 자비까지 써가면서 자기계발에 힘쓴다. 특히 지금은 조금만 알아보면 그다지 돈을 들이지 않고도 공부할 수 있는 기회가 무궁무진하다. 인터넷 서핑만 해도 상당한 정보를 얻을 수 있다. 예를 들어 페이스북 등을 통해 무료나 커피 한 잔 정도의 가격으로 참가할 수 있는 다양한 세미나 정보를 알 수 있다. 코치나 카운슬러 양성 강좌를 막 졸업한 코칭 초보자에게는 약간의 비용만 지불해도 코칭을 받을 수도 있다. 1차적인 정보 수준이라면 인터넷에서 저렴한 금액으로 정보를 수집해 학습할 수 있는 세상이 되었으며, 시간만 있다면 돈이 없어도 얼마든지 원하는 분야의 공부를 할 수 있다.

　그러나 우수한 리더들이 '살아 있는 교재'로 삼는 중요한 공부법이 있다. 바로 다른 리더의 방식을 관찰하는 것이다. 그들은 다른 리더를 인터뷰를 해서 그들의 방식을 자신의 것으로 만들려 하기도 한다. 책이나 인터넷의 정보로도 일반적인 이해는 가능하지만, 정말 중요한 '내 직장에서는 어떻게 해야 하는가?'라는 의문에 명쾌한 해답을 주는 콘텐츠는 그리 많지 않다. 그래서 우수한 상사를 멘토로 삼고 가르침을 청하거나, 사내 연수나 친목회를 통해 다른 리더들은 어떻게 업무를 맡기고 있으며 그와 관련한 좋은 사례로는 어떤 것이 있는지 등 평소에 궁금했던 부분에 대한 질문을 하고 그들의 노하우를 흡수하려 한다.

　조직 관리에도 사례 연구의 중요성이 높아지면서, 어떤 회사에서는 조직 관리와 관련한 연수를 받는 신임 관리직들에게 서로의 팀 회의에 참석해서 서로의 사례를 배우도록 하고 있다.

HOW DOES
A LEADER
WORK?

제 5 장

나서야 할 때와 맡겨야 할 때를 정확히 아는 방법

상사는 망각의 동물, 부하 직원은 절대 잊어버리지 않는 동물

● 　　　인정받는 리더가 되기 위해서는 일을 맡기는 것만 큼 일을 맡긴 후에 얼마나 잘 관리를 하느냐도 중요하다. 일을 맡겼다고 방심해서는 결코 안 된다. 오히려 이때부터 리더의 관리 능력이 시험대에 오르기 때문이다. 우수한 사원에게 일을 맡겼다고 해서 방치해서는 안 되며, 난감한 부하 직원이 문제를 일으켰다고 해서 필요 이상으로 많은 시간을 쏟아서도 안 된다.

리더가 일을 맡긴 뒤에 저지르는 바람직하지 못한 행동 패턴과 주의해야 할 점을 살펴보자.

혹시 이런 경험을 해본 적이 없는지 한번 생각해보자.

"이번 일은 내가 간섭하지 않을 테니 자네가 알아서 잘 해보게"

라고 말해놓고서는 막상 업무를 진행하자 수시로 참견을 한다.

"이 일은 자네에게 도전이니까 실패를 두려워하지 말고 진행해보게. 내가 도와주겠네"라고 말해놓고서는 도와주지도 않고, 막상 실패하니 책임을 추궁한다.

"이걸 달성한다면 정말 대단한 성과야. 열심히 해보게!"라고 말해놓고서는, 열심히 일해서 반년 뒤에 달성했더니 기뻐하는 기색도 없이 바로 다음 업무 이야기를 꺼낸다.

흔히 인간은 망각의 동물이라고 한다. 독일의 심리학자인 헤르만 에빙하우스는 피실험자에게 의미가 없는 알파벳 세 글자를 나열한 것을 잔뜩 외우도록 한 다음, 그것을 얼마나 빨리 잊어버리는지 알아보는 실험을 했다. 이 실험의 결과를 그래프로 만든 것이 그 유명한 '에빙하우스의 망각 곡선'이다.

이 실험에 따르면, 실험을 시작한 후 20분이 지나자 암기한 내용의 42퍼센트를 잊어버렸고, 1시간 후에는 56퍼센트, 하루가 지난 후에는 74퍼센트, 일주일 후에는 77퍼센트, 1개월 후에는 79퍼센트를 잊어버렸다. 요컨대 기억한 직후에 암기한 것의 거의 절반을 잊어버리며, 남은 기억은 천천히 잊어가기 때문에 암기한 것을 오랫동안 기억하기 위해서는 복습이 필요하다는 것이다.

그러나 리더는 이 결과를 '그렇구나. 인간이 원래 그렇다면 어쩔 수 없지'라고 멋대로 해석해서는 안 된다. 부하 직원은 자신

이 지시한 내용을 절대 잊어버리지 않고 확실히 기억하고 있기 때문이다. 영어 단어나 역사 연표처럼 외우기 힘든 것은 에빙하우스의 실험 결과대로 점차적으로 잊게 될지 모른다. 그러나 인간은 망각의 동물인 동시에 자신이 관심을 가진 것은 절대 잊어버리지 않는 동물이기도 하다.

주임급의 연수를 하다 보면 수강자들이 "저희 상사는 자신이 한 말을 잘 잊어버립니다"라고 불만을 늘어놓는 것을 종종 듣게 된다. 관리직은 하나 같이 바쁜 일정을 가지고 있다. 설령 일반 직원들과 노동 시간이 같더라도 관리직은 직무의 범위나 이해관계자와의 조정 등 살펴야 할 것이 넘쳐난다. 다만 자신이 지시한 내용을 잊어버리고 기억하지 못하는 이유가 상대적으로 관심이 떨어지기 때문임은 틀림없다. 사람은 누구나 자기가 관심을 가지고 있거나 자기에게 중요한 것은 절대 잊어버리지 않기 때문이다.

리더는 부하 직원에게 일을 맡길 때 어떤 동기를 부여하는데, 이렇게 하는 이유는 부하 직원이 자신이 맡은 업무를 중요하고 의미 있는 것이라고 생각하게 함으로써 의욕을 높이기 위해서이다. 그러나 리더에게는 자신의 상사가 맡긴 더 중요한 업무가 있다. 부하 직원에게 업무를 맡겼을 때 중요성을 강조해 동기를 부여한 것은 어디까지나 일을 맡기기 위한 테크닉이므로 그 업무에 대한 관심도는 상대적으로 낮을 수밖에 없다. 부하 직원에게는 절대 잊어서는 안 되는 중요한 업무이지만, 리더로서는 이미 자신의 손을 떠난 일이기에 잊어버릴 때가 많다. 따라서 리더는 메모나 일지 등의 기록을 통해 자신이 지시한 내용을 잊지 않도록 해야 한다.

중요한 일이라고 했는데
왜 기억을 못하는 거지?

능력보다 중요한 건
일관성

● 　　　자신이 맡긴 업무를 기억하지 못하는 이유는 계획
(Plan)→실행(Do)→확인(Check)→개선(Action)의 PDCA 사이클
과정에서 일관성의 필요함을 잊어버리기 때문이다. 상사는 바
쁜 일정 때문에 기억하지 못할지도 모르지만, 부하 직원은 지시
받은 것을 절대 잊어버릴 수 없다. 따라서 리더는 말과 행동에
일관성이 있어야 하고, 자신의 감정도 안정되게 컨트롤할 수 있
어야 한다.

　일을 맡기는 방법이 변하지 않도록 자신의 PDCA 사이클의
일관되게 유지하는 것이 어떤 의미인지 다음의 사례를 통해 살
펴보자.

우선 '계획(Plan)'의 단계에서는 "내가 지원해줄 테니 함께 도전해보자고!"라는 말로 일정 수준의 동기를 부여하면서 일을 맡겼는데, '실행(Do)' 단계에서 전혀 지원해주지 않고 방치나 떠넘기기 상태가 계속된다면 어떻게 될까? 리더는 그저 동기 부여를 하기 위해서 의례적으로 지원을 해주겠다는 말을 했을 수도 있고, 부하 직원이 생각보다 일을 잘해서 굳이 지원해줄 필요성을 느끼지 못했을지도 모른다. 그러나 부하 직원은 당연히 '함께 도전하자고 말해놓고서는 지원도 안 해주고, 잘하고 있는지 물어보지도 않네'라고 생각할 것이다.

'확인(Check)'의 단계에서는 맡긴 일을 잘하고 있으니까 안심하는 생각에 '함께 진행하는' 것이 아니라 '완전히 맡겨버리는' 것으로 방침을 바꾸고는 부하 직원에게는 아무 말도 하지 않는다. 그러면서 오히려 부하 직원이 좀 더 노력해줬으면 좋겠다며 더 큰 기대를 품는 경우도 있다.

'개선(Action)'의 단계에서는 어떨까? 부하 직원은 '역시 아무런 도움도 주지 않는군. 그냥 떠넘긴 거였어'라는 생각을 굳힐 것이다.

또 다른 경우도 있다. '계획(Plan)'의 단계에서 "이건 커다란 도전이니 성공한다면 높게 평가해 주겠네"라고 커다란 당근을 내걸었을 경우는 어떨까?

'실행(Do)'의 단계에서 부하 직원은 나름대로 고생하면서도 어떻게든 일을 완수했다. 굉장한 도전이라는 말에 동기가 부여되어 일에 몰두했으므로 본인으로서도 상당한 노력을 했을 것이다. 그런데 '확인(Check)' 단계에서 리더는 "어, 벌써 끝냈나? 그럼 다음에 부탁하고 싶은 일이 있는데…"라고 아무런 피드백 없이 다음 업무를 맡겨버린다. 그러면 부하 직원은 '뭐야, 그렇게 애를 써서 끝냈는데 고작 그 말뿐이야? 나를 정말 높게 평가하는 게 맞아?'라는 생각을 갖게 된다. 이런 패턴이 고정되어버리면 리더의 동기 부여 능력은 단숨에 저하될 것이 분명하다.

일관성이 없는 PDCA의 사이클

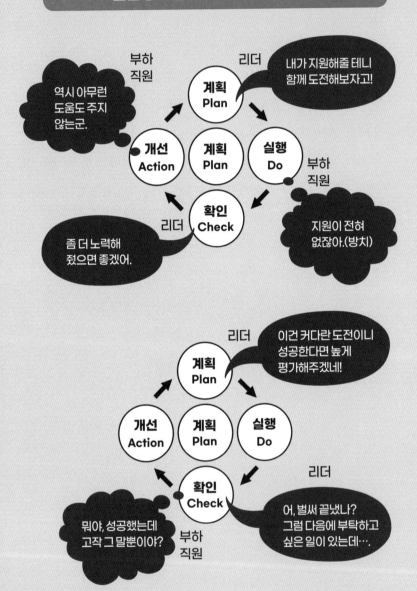

감이나 경험만을
고집하다가는 큰일남

●   리더가 부하 직원의 업무를 모니터링할 때, 평가하는 부분이 일정하지 않고 그때그때 다른 경우가 종종 있다. 부하 직원에게 이것저것 자료의 작성을 요구하기도 하고 즉흥적으로 보고를 강요하기도 하는데, 이래서는 부하 직원에게 불필요한 혼란과 불안감을 주게 된다.

내가 처음 컨설턴트가 되었을 때 선배는 일은 감이나 경험을 통해 배우는 것이라며 "일은 배우는 것이 아니라 훔치는 것이다" 혹은 "내 등을 보고 배워라"와 같은 말을 했다. 하지만 리더가 직감이나 경험을 바탕으로 조직을 운영하면 부하 직원은 상사의 방식을 효율적으로 배우지 못하며, 누구의 밑에 있었느냐에 따라 업무 수행의 노하우나 관리 방법을 습득하는 데 편차가 발생한다. 기업이 신임 관리직에게 기초 연수를 받게 하는 이유가 여기에 있다.

상사의 직감이나 경험에 의지할 경우, 경험이 있는 업무는 능숙하게 처리하지만 경험한 적 없는 문제가 발생할 경우 어떻게 대처해야 할지 알지 못해 마구잡이로 대증요법을 사용할 수밖에 없게 된다. 이는 매출이 부진하다고 해서 가혹한 목표치를 부과하고 달성을 강요해 당장 눈에 보이는 실적과 숫자만을 그럴듯하게 만드는 것이나 다름없다. 이것은 근본적인 해결책이 될 수 없다. 눈앞의 목표를 달성하기 위해서 무리한 방법을 이용해 억지로 판매 실적만을 올리다가는 나중에 고객으로부터 클레임이 쏟아지거나 거래처와의 신뢰 관계가 깨지는 등의 문제가 발생할 수 있다.

또한 경험이 부족한 까닭에 문제에 신속하게 대응하지 못해 사태를 악화시킬 수도 있다. 성적은 좋지만 문제가 끊이지 않는 조직은 이미지가 나빠져 결국 사업 전체가 무너져버릴 수 있다.

어쨌든 이런 일이 발생하는 이유는 리더가 자기 팀의 업무가 제대로 진행되고 있는지 파악하기 위해 무엇을 어디서부터 어떻게 점검해야 하는지 이해하고 있지 못하기 때문이다. 만약 여러분이 팀을 '조종하는' 조종실에 앉아 있다면 계기판 위에서 어떤 지표를 봐야 할까? 리더가 볼 수 있는 지표의 수는 고작해야

20~25개라고 하는데, 여러분은 그 20~25개의 지표가 무엇인지 말할 수 있는가? 만약 대답이 "No"라면 다음의 내용을 참고하면서 팀을 제대로 운영하기 위해서 어떤 지표를 관리해야 하는지 정확하게 파악하기를 바란다.

리더는 뒤에서 쫓아오는 부하 직원을 감이나 경험을 바탕으로 가르치는 것이 아니라 관리의 모범을 보여줘야 한다. 그런 의미에서 바쁘다는 핑계로 미루지 말고 진지하게 신임 매니저 연수를 받는 것도 한 가지 방법이 될 수 있다.

팀원 개개인의 업무를 모니터링할 때에는 일보, 주보, 월보 등의 정기 보고서를 작성하게 하고, 정례 회의를 하는 것이 기본이다. 나는 업무상 클라이언트의 회의에 참가할 때가 있다. 그런 회의에서 "이전 회의에서 보고한 것에 비해 일정이 늦어지고 있다, 순조롭게 진행되고 있다"라는 식으로 보고하는 것을 수없이 목격하곤 한다. 그러면 보고를 들은 간부들은 일정이 늦어진 것을 만회하기 위한 대책을 세우거나, 순조롭게 진행되고 있으니 걱정 안 해도 되겠다고 말하는 것이 일반적이다.

물론 회의의 주제에 따라 다르기는 하지만, 이전 회의 때의 진척 상황과 비교하기만 해서는 당장 늦어진 일정을 만회하기 위한 임시방편 같은 대책밖에 세울 수 없는 경우가 종종 있다. 그러다 보면 원래의 계획에서 점점 멀어져버릴 위험성이 있다. 이런 사태를 피하기 위해서는 올바른 방법으로 일정 진행을 위한 회의를 해야 한다. 요컨대 '이전 보고에 비해서'가 아니라 '처음 세웠던 일정'에 비추어 업무가 어떻게 진행되고 있는지를 보고하는 것이다. 이전 회의 때의 진척 상황과 비교하면 나무만 보고 숲을 보지 못하는 것처럼 전체의 진행 상황을 제대로 파악하지 못할 수 있다. 특히 프로젝트 같은 형태로 진행하고 있는 업무라면 더욱 그렇다.

일정이 늦어지고 있음을 확인했다면, 어지간히 긴급한 상황이 아닌 이상 늦어진 것을 만회하기 위한 대책을 세우기보다 늦어지고 있는 진짜 원인을 찾는 데 힘을 쏟아야 한다. 그리고 진짜 원인 때문에 다음의 상황이 어떻게 전개될지 검토한다면 목적의 달성 가능성뿐만 아니라 위기 관리의 정확도를 높일 수 있다. 반대로 그렇게 하지 않는다면 다시 같은 문제가 발생할 가능성이 있다.

정확한 계기판이 있어야
인정받는다

●   팀을 조종하기 위한 조종실에 앉는 것이 리더라면, 리더는 계기판 위의 지표를 설정하는 동시에 그 담당자도 정할 필요가 있다. 기업 전략의 실현 및 진행 상황을 평가하기 위한 도구로서 개발된 균형 성과표(기존의 재무 분석을 통한 실적 평가에 고객의 시점, 업무 프로세스의 시점, 성장과 학습의 시점을 추가해서 실적을 평가하는 것)를 참고해 다음과 같은 지표를 설정하는 것이 하나의 방법이 될 수 있을 것이다. 다음의 지표를 참고해서 각자 자신의 팀에 맞는 지표를 만들고 활용한다면 업무의 진행 상황과 목표 달성률을 바로 확인할 수 있으므로 팀의 능률을 높이는 데 도움이 될 것이다.

● 실행 상황을 점검할 수 있는 지표

영업 조직이라면 '수주액'이나 '매출액'과 같은 핵심목표지표(KGI, Key Goal Indicator)가 팀의 목표치로서 이미 설정되어 있을 것이다. 이럴 경우 핵심목표지표에 맞추어 전략 실행의 열쇠를 쥐고 있는 행동을 얼마나 했느냐를 핵심수행지표(KPI)로 설정한다. 가령 주제가 '영업력 강화'라면 고객 방문 회수, 제안 회수, 고객 소개 수 등 고객과의 관계를 개선하는 행동을 지표로 삼는다.

예를 들어 올해 안에 10건이라는 매출 목표를 달성하는 것으로 목표를 세웠고, 지금까지 고객사에 새로운 제안을 하며 프레젠테이션을 했을 때의 수주 확률은 50퍼센트라면, 연내에 프레젠테이션을 20건 하는 것으로 계획을 세우는 것이다.

● 업무의 중요한 프로세스를 점검할 수 있는 지표

어렵게 수주를 하더라도 다음에 다시 다른 기업과 경쟁을 해야 한다면 영업 효율이 떨어지게 된다. 생산 확대를 위한 과정에서 장애가 되는 부분을 지표화하려 한다면, 먼저 자사 제품의 재구매율을 살펴보거나 반대로 해약률, 반품률 또한 점검해볼 수 있다. 만약 지금까지 사용자에게 제품 만족도 조사를 실시한 적이 없다면, 영업 담당자의 평가와 함께 CS 조사를 실시해볼 수도 있다.

● 규칙의 준수 상황을 점검할 수 있는 지표

영업 활동 과정에서 수주 이후에 관리의 기본 규칙이 지켜지지 않는 사례가 종종 발견되어 고객의 문의 내용을 팀 내에서 공유하려 한다면, 고객 정보의 공유화를 위한 데이터베이스의 등록 건수를 핵심수행지표(KPI)로 삼을 수 있다. 또한 품절이 되면 문의가 증가해서 대응에 시간을 소모할 수밖에 없으니, 재고를 즉시 알 수 있는 시스템을 만들자는 등의 제안으로 이어질 수도 있다.

이처럼 많은 기업이 핵심수행지표(KPI)의 관리에 힘쓰고 있다. 리더의 역할은 조종실에 앉아 핵심수행지표(KPI)와 같은 조직의 독자적인 계기판을 보면서 적확한 지시를 내리고 업무를 맡겨나가는 것이다.

KPI 설정의 포인트

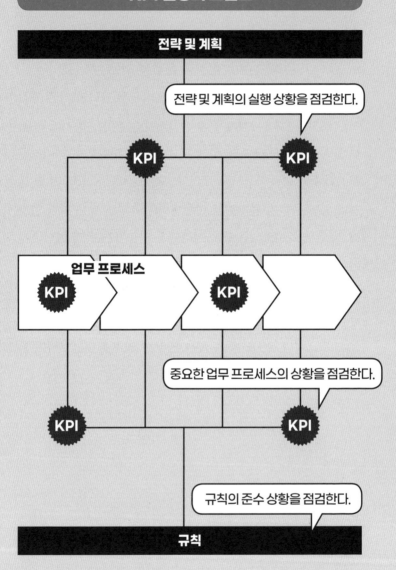

신뢰를 만드는 건
균형 감각이다

●   사람은 감정에 지배당하기 쉬운 동물이다. 그러므로 아무리 우수한 부하 직원이 있더라도 팀 내에서는 부하 직원 모두를 '공평하게' 대해야 함을 잊지 말아야 한다. '공평하게'라는 것은 시간을 기계적으로 균등하게 배분하라는 말이 아니다. 각 부하 직원에게 필요한 수준에 맞춰 보고 시간과 지도하고 지원하는 시간을 배분해야 한다. 마음에 들지 않는다는 등의 보이지 않는 이유로 시간이나 '심리적'인 배분을 편파적으로 해서는 안 된다. 물론 문제가 발생했을 때에는 문제의 해결을 최우선으로 삼아야 한다.

리더가 부하 직원들과 공평하게 커뮤니케이션을 하지 않거나 부하 직원 중 한 사람을 편애한다는 느낌을 받으면 조직 전체의 업무 수행에 지장이 생길 수 있다. 특히 프로젝트 팀 같은 조직에서는 리더에게 이롭지 않은 정보가 리더에게 제대로 전달되지 않고 정체되는 경우가 있다. 그 결과 문제가 커져서 표면화된 뒤에야 리더에게 정보가 전달되며 수습에 어려움을 겪는 상황에 빠질 수 있다. 오랫동안 함께하는 정규 조직에서 이런 문제가 발생하면 도저히 손을 쓸 수 없는 지경에 이르기도 한다.

조직 관리의 난이도는 그 조직에게 부여된 임무나 조직이 해결해야 할 과제에 따라 달라지지만, 부하 직원이 늘어날수록 관리 또한 어려워질 수밖에 없다. 부하 직원의 의욕을 끌어내고 팀의 실력을 높이는 것도 리더의 중요한 역할이며, 관리 그 자체다. 다만 이를 위해서는 부하 직원들이 서로 신뢰할 수 있는 인간관계를 구축하고 있다는 대전제가 필요하다. 신뢰 관계가 있으면 직원들은 활력을 갖고 같은 방향을 향하며 조직에게 주어진 임무를 수행하는 데 매진할 수 있다. 그러면 부하 직원들은 자신이 담당하고 있는 업무의 의의를 인식하게 되며, 이것은 의욕으로 이어진다.

그런데 리더가 중요하게 생각하는 일이나 과거에 경험한 일 혹은 리더가 자신 있다고 생각하는 분야의 일일 경우, 자신도 모르게 힘이 들어가서 그 일에만 지나치게 애착을 쏟을 때가 있다. 이는 리더가 무의식중에 빠지기 쉬운 함정이다.

균형이 무너지면 부하 직원들의 의욕이 저하될 뿐만 아니라 앞에서 말했듯이 나쁜 정보가 곧바로 올라오지 않게 된다. 경우에 따라서는 상사를 골탕 먹이려고 정보를 숨기는 일조차 일어날 가능성이 있다.

리더가 지켜야 할 균형 감각은 또 있다. 인사 평가의 공평성이다. 인사 평가는 평가를 하는 상사와 평가를 받는 부하 직원, 두 사람 사이의 문제로 여겨지는 경우가 많지만, 팀을 관리하는 데 신중하게 대처해야 하는 부분이기도 하다.

인사 평가에 관한 서류나 평가자 연수에서 '관대화(寬大化) 경향'이라는 말을 들어본 적이 있을 것이다. 이는 문자 그대로 '실제보다 관대하게 평가하는 경향'이라는 뜻이다. 예를 들어 평가 기준이 'S(초우수)', 'A(우수)', 'B(표준)', 'C(노력 필요)', 'D(낙제)'의 5단계라고 가정하자. K라는 부하 직원이 있다. 말은 청산유수이지만 생산성에 조금 문제가 있는 사원이다. 리더는 노력이 필요한 수준인 'C'가 적당하다고 생각했지만, 평가 피드백 면담에서 K가 끈질기게 자기 주장을 하자 귀찮기도 하고 평가 면담을 오래 끌고 싶지 않아서 'B'를 줬다.

본인과의 면담은 이렇게 끝이 났지만, 의외로 평가 결과가 외부에 알려지는 일이 종종 발생한다. 특히 최근에는 사원들이 메신저나 SNS를 통해서 서로 연락을 주고받는 경우가 많은 까닭에 두 사람만의 대화가 주위에 알려지는 사태가 벌어진다. 실제로 인사 평가의 피드백 면담을 받은 직후에 다른 부서의 동기들에게 "상사에게 이런 피드백을 받았어!"라고 일제히 메시지를 보내는 것은 결코 드문 일이 아니다.

K에게 관대한 평가를 줬다는 사실이 조직 내에 알려지면 어떤 일이 벌어질까? 큰 소동이 벌어질 정도는 아니겠지만, 사원들은 '공정하지 못하게 평가하는 상사', '목소리가 큰 놈한테는 약한 상사'라며 상사의 험담을 하게 된다.

문제는 그다음이다. 만약 조직 내에 인사 평가가 공정하지 못하다는 분위기가 퍼지게 되면 직원들은 '저렇게 일해도 B를 받을 수 있다면 성실하게 일하는 게 손해야'라며 대충 일하게 된다. 혹은 "저는 명백히 K보다 더 조직에 공헌했는데, 왜 평가 결과가 같은 겁니까? 도저히 수긍할 수 없습니다"라며 자신의 인사 평가에 대한 불만을 직접 털어놓을 수도 있다. 조용하고 겸손한 직원들만 있는 조직이라면 그런 움직임은 없을지도 모르지만, 불평불만은 쌓여갈 것이다.

부하 직원들은 상사의 균형 감각을 지켜보고 있다. 계속 이야기하지만, 팀 전체의 성공을 첫째로 생각하는 것이야말로 리더의 미션이다. 이를 위해서는 일관성 있는 행동이 필요하다.

일 잘하는 리더로 보이기 위한 핵심 포인트 5가지

● 　　　마지막으로 일을 잘 맡기는 리더로 보이기 위한 이미지 전략에 관해 이야기해보자. 일을 맡기는 데 능숙한 사람이 되기 위해서는 일을 맡기는 기술을 열심히 익히는 것도 중요하지만, 일을 맡기는 데 능숙한 사람이라는 이미지를 주위 사람들에게 심어주는 것도 중요하다. 사실 일을 맡기는 방법에 관해 제대로 설명하거나 평가할 수 있는 상사는 거의 없음에도 일단 '일을 맡기는 데 서툰 사람'이라는 꼬리표가 붙으면 이 꼬리표를 떼어내기가 매우 어렵다.

　　게다가 세계적으로 노동 시간을 규제하는 흐름이 본격화되면서 단순한 야근 시간 감소가 아닌 진정한 일하는 방식의 개혁이 진행되리라 예상된다. 그리고 그 중심에는 리더의 역할이 있다.

조직의 실적을 떨어뜨리지 않으면서 전체의 노동 시간을 줄이려면 일을 제대로 맡겨서 노동 생산성을 끌어올려야 한다. 그런데 부하 직원의 노동 생산성이 향상되더라도 리더가 지도를 잘했다거나 일을 잘 맡겨서 업무 처리를 원활하게 했다는 좋은 평가는 좀처럼 받지 못한다. 상사는 그저 부하 직원이 열심히 했다고 생각할 가능성이 높다.

반대로 리더의 노동 시간이 늘어났거나 부하 직원의 생산성이 떨어졌다면 어떻게 될까? 그때는 리더가 지도를 제대로 하지 못했거나 일을 맡기는 방법에 문제가 있었다는 질책을 받을 것이다.

이렇듯 조직의 리더는 잘해도 인정받기 힘들고, 업무에 문제가 있을 경우에는 책임을 피할 수 없는 위치에 있다. 따라서 리더의 노력이 무의미해지지 않도록 하기 위해서는 다음과 같은 행동 요령을 잘 알아둘 필요가 있다.

지금까지도 이야기했듯이, '일을 맡기는 데 능숙한 사람'의 명확한 기준이나 정의 같은 것은 없다. 그래서 인상이나 단편적인 상황, 극히 일부 부하 직원의 목소리 등을 바탕으로 상사나 인사 부서에서 '일을 맡기는 데 서툰 사람'이라고 멋대로 판단해버릴 수 있다.

그렇다면 상사나 인사 부서는 대체 무엇을 보고 일을 맡기는 데 능숙한 사람과 그렇지 않은 사람을 판단할까? 다음에 설명하는 포인트를 참고로 자신이 일을 맡기는 데 능숙한 사람임을 의도적, 전략적으로 부각해 이미지 상승을 꾀하기 바란다.

● 포인트1_중요한 업무에서 부하 직원이 활약하고 있는 모습을 보여준다

조직 안에서 리더가 맡고 있는 중요한 업무는 무엇일까? 조직의 3년 후의 비전이나 전략을 구상하는 것, 부문의 간부 회의에서 발표할 기초 자료를 만드는 것, 가장 매출이 많은 제품의 매출 담당 업무, 좀처럼 발전이 없는 중견 사원의 교육, 부서 간의 업무 개혁 프로젝트….

이와 같은 일은 중요한 업무이므로 리더 자신이 맡고 있을 가능성이 높다. 하지만 그런 중요한 업무야말로 부하 직원에게 맡겨야 할 업무임을 항상 염두에 두고 있어야 한다. 갑자기 중요한 일을 부하 직원에게 맡기는 것이 어려울지도 모르지만, 일단 맡기기 쉬운 부분부터 시작해 서서히 맡기는 업무의 양을 늘려가면 된다.

관리 업무의 일부를 담당하는 부하 직원은 인사부를 비롯해 사내에서 주목받게 된다. 여러 부문을 아우르는 회의에서는 리더 자신이 아니라 부하 직원이 활약하는 모습을 주위에 알리며 자신이 직접 키웠다는 사실을 부각한다.

또한 신입 사원에게 일찍부터 일을 맡겨서 그들의 동기보다 한 발 앞서 두각을 나타내도록 연출하는 것도 좋은 방법이다. 젊은 사원에게 입사 동기들은 신입 사원 연수에서부터 한솥밥을 먹은 동료인 동시에 라이벌이기도 하다. 당분간은 동기들끼리 서로의 성장세(성적)를 확인하고 자극을 받게 된다. 특히 젊은 사원들은 메신저를 통해서 연결되어 있는 까닭에 실시간으로 서로의 상황을 주고받는다.

주위 사람들의 기대를 받고 동기들 사이에서도 선망의 대상이 되면 젊은 사원은 자존감이 높아지며 더 성장하려는 욕구를 드러낸다. 그리고 젊은 인재가 활기차게 일하기만 해도 외부에서는 활기가 넘치는 좋은 조직으로 보이며, 그런 조직을 만든 리더의 이미지 또한 좋아질 수밖에 없다.

● **포인트2_ 빠르게 성장하고 있는 부하 직원이 있음을 보여준다**

리더가 관리하는 팀 안에 주위가 놀랄 만큼 빠르게 성장해 두각을 나타내고 있는 부하 직원이 있다면 "내가 역할이나 기회를 줘서 이렇게 성장할 수 있었다"라고 적절하게 어필하는 것이 좋다.

인사부에서 신입 사원에 대해 파악하고 있는 것은 채용 면접과 신입 사원 연수에서의 성적 정도이다. 그래서 일을 잘하는 인재가 배치될 수도 있지만, 그렇지 않은 경우도 있다. 인사부로부터 '우수한 인재'라는 말을 듣고 상당히 기대하면서 키운 신입 사원이 도무지 성장하지 않고 중견 사원이 되어버리는 경우도 얼마든지 있다. 그런데 한편으로는 적절하게 일을 잘 맡긴 덕분인지, 본인의 자질이 뛰어나서인지 혹은 주위의 지원이 효과적이었는지 몰라도 상사도 눈의 휘둥그레질 만큼 급성장하는 사원도 드물게 나타난다. 이것은 조직이나 리더의 입장에서는 큰 행운이지만, 이런 우수한 사원이 등장하기 위해서는 조직의 분위기도 어느 정도 갖춰져 있어야 한다. 직원들이 서로의 발목 잡아당기기에 급급하거나, 무사안일주의가 조직의 정서를 지배하고 있거나, 불공정하다는 생각이 만연한 조직에서는 그런 인재가 나올 수 없다.

그러므로 그런 조직의 분위기를 자신을 어필할 재료로 삼더라도 문제될 것은 없다.

● **포인트3_자신의 업무 성과를 부각한다**
여전히 리더인 자신이 맡고 있는 업무 중에서 실무

의 비율이 높다면, 맡고 있는 조직을 지속적으로 성과를 낼 수 있는 체제로 만들 수 없다. 한시라도 빨리 부하 직원들에게 실무를 맡기고 리더로서 바람직한 형태로 시간을 사용해야 한다.

역설적인 이야기이지만, 리더가 자신의 본래 업무인 조직의 전략적 계획, 영업, 대외 활동 등에서 나름의 성과를 올리고 있다면, 그것은 실무를 어느 정도 부하 직원들에게 맡기고 있기 때문이 틀림없다.

자신의 성과가 어느 정도 만족스럽고 자랑할 수 있는 정도라면, 실무자로서의 우수함을 강조해서는 안 된다. 그보다는 자신의 실무(의 일부)를 '부하 직원에게 적절히 맡긴 덕분'이라는 사실을 어필하는 것도 잊지 말도록 하자.

포인트4_부하 직원이 문제를 충분히 해결하고 있음을 보여준다

고객에게 혹은 조직 내에서 어떤 문제가 발생했을 때, 누가 뒤처리를 하고 있는가? 비상시에는 조직의 리더가 나서는 것이 당연하다고 생각한다면, 자신의 업무를 좀처럼 부하 직원에게 맡기지 못하는 상태일 가능성이 높다.

문제를 해결할 때 리더가 직접 나서는 횟수가 곧 '일을 맡기고 있는 정도'를 측정하는 핵심수행지표(KPI)라고 할 수 있다. 매번 리더가 직접 나서지 않고 부하 직원이 문제 해결을 위한 지원까지 맡아서 진행하고 있다면, 이것은 팀 내에서 자율적으로 업무가 진행되고 있다는 증거라고 할 수 있다.

팀 내에 그런 시스템을 구축하고 실현했다면 그것을 분명하게 어필하지 않을 이유가 없다.

● 포인트5_중요한 부분에서는 리더 본인이 전면에 나서고 있음을 보여준다

팀 내에서 많은 일을 부하 직원이 알아서 처리하고 있다고 해도 정말 중요한 고객이나 프로젝트에 대해서 의사 결정을 하거나 문제 해결을 할 때에는 리더가 직접 나서는 모습도 보일 필요가 있다. 리더가 직접 나서는 일이 지나치게 적으면 오히려 부하들에게 일을 떠맡기는 무책임한 리더라는 꼬리표가 붙을 수 있다.

본인이 나서야 할 때에는 나서고, 맡길 수 있는 부분은 맡기며 효율적으로 조직을 관리하고 있는 모습을 어필하는 것이 중요하다.

일을 맡기는 데 서툰 사람으로 보일 수 있는 미묘한 선

●   마지막으로, 자신의 능력을 잘못 어필할 경우 '일을 맡기는 데 능숙한 사람'이 아니라 '서툰' 사람으로 인식되는 미묘한 선이 있으므로 이 점을 주의해야 한다.

"우리 팀은 분위기가 좋다" 혹은 "우리 팀은 사원 만족도 점수가 좋다"라고 이야기할 경우, 회사에서는 다른 방식으로 리더를 오해할 수 있다. 다시 말해, 어려운 일을 리더가 모두 처리해주고 있기 때문에 부하 직원들은 상대적으로 시간적인 여유를 가지고 편하게 일을 하면서 팀의 분위기가 좋아진 것인지도 모른다는 쪽으로 생각할 가능성이 있다.

현재 일하는 방식의 개혁을 추진하고 있는 기업에서는 실제로 이렇게 생각할 가능성이 있다. 회사가 표면적으로 '야근 시간의 단축'에만 관심이 있는 탓에 공식적으로는 야근으로 기록되지 않는 관리직이 사실상 무급 야근을 하고 있는 사례가 많기 때문이다.

"우리 팀에서는 인재가 성장하고 있다"는 점을 어필할 경우, 직원들을 방임하고 있다는 오해를 받을 수 있다. 부하 직원이 급성장하는 조직은 우수한 상사가 업무를 적절히 배분해서 효과적으로 맡기면서 빈틈없이 관리를 하고 있기 때문일 수도 있지만, 완전히 방임형으로 관리하기 때문일 수도 있다. 부하 직원이 알아서 업무를 원활하게 처리해야 조직이 돌아가기 때문에 결과적으로 자립적이고 자율적인 조직이 되었을 가능성도 있다.

지옥을 경험할수록 성장한다는 생각에 이의를 제기하는 사람은 거의 없다. 따라서 일을 떠넘기거나 방임한 것이 운 좋게 사원의 성장으로 이어졌을지 모른다고 생각할 가능성을 부정할 수 없다.

만약 리더가 '일을 맡기는 데 서툰 사람'으로 인식되고 있는 상황에서 "우리 팀은 이제 리더가 없어도 상관없을 만큼 자율적으로 움직인다"라고 어필한다면 정말로 리더가 없어도 상관없다고 생각될 가능성이 높다. 이것은 어떤 의미에서 부하 직원에게 일을 맡겼을 때 기대할 수 있는 최상의 결과일 수 있다. 하지만 다른 한편으로 리더가 아는 것이 없는 까닭에 부하 직원들에게 일을 맡길 수밖에 없는 상황에서 나타날 수 있는 모습이기도 하다.

다만 전자의 경우는 일을 맡기는 데 능숙한 리더가 관리 업무에 전념할 수 있는 진정한 자율형 조직인 데 비해, 후자는 이른바 각자도생 조직 또는 개인 상점의 집합체 같은 조직이다. 둘 중 어느 쪽에 해당하는지는 조금만 살펴보면 금세 알 수 있다.

일을 맡기는 데 능숙한 사람으로 보이기 위한 5가지 핵심 포인트

a 중요한 업무에서 리더가 아닌 부하 직원이 활약하며 홀로서기 하고 있는 모습을 보여준다.

b 빠르게 성장하고 있는 부하 직원이 있음을 보여준다.

c 리더 본인이 자신의 업무에서 성과를 올리고 있음을 부각한다.

d 문제가 발생했을 때 다른 부하 직원이 해결을 지원해주고 있음을 보여준다.

e 그러나 중요한 부분에서는 리더가 직접 전면에 나서고 있음을 보여준다.

일을 맡기지 않는 리더에게 리더십은 없다

기업에는 보통 두 종류의 리더가 있다. 부하 직원을 이끌어 조직의 성과를 최대화하는 리더와 자신의 기술과 경험을 바탕으로 전문성을 발휘하여 실무의 모범이 되는 리더이다. 전자를 관리직이라고 부르고, 후자를 전문직이라고 한다.

한때 자신만의 전문성을 가지고 있는 리더가 능력을 인정받으면 승승장구하던 시절이 있었다. 그러나 오늘날 대부분의 리더에게 요구되는 것은 조직과 부하 직원을 관리하는 동시에 실무도 능숙하게 처리하는 것이다. 이런 현실 속에서 리더에게 가장 필요한 능력은 부하 직원에게 일을 분배하며 효율적으로 조직을 관리하는 기술이다. 자신이 모든 일을 직접 하는 것이 아니라 부하 직원에게 업무를 맡기고 그 업무가 문제없이 진행되도록 하는 것이 진정한 능력으로 인정받고 있는 것이다. 사실 처음부터 끝까지 혼자서 처리할 수 있는 업무는 거의 사라졌다. 전문성을 가진 리더라고 해도 이제는 전문성을 발휘하는 것은 물론이고 주위 멤버들을 실무적으로 이끌어나갈 것을 요구받는 동시에 조직을 관리하는 부분도 일부 대행하거나 지원해야 한다.

더 이상 혼자만의 힘으로 리더의 능력을 인정받는 시대는 지나갔다. 급변하는 경제 환경 속에서 기업의 문화 또한 나날이 변화하고 있고, 새로운 세대의 등장과 고용 상황의 변화로 조직의 문화 또한 예전과 같지 않다. 이런 상황에서도 리더는 '조직 성과의 최대화'든 '개인 성과의 최대화'든 한정된 시간 속에서 그 책임을 다해야 하고, 이를 위해서는 업무를 다른 사람에게 맡길 수 있어야 한다. 그러지 않을 경우 조직 안에서 금세 한계에 부딪힐 수밖에 없다.

리더십론의 권위자 존 코터는 리더십이란 "비전을 내걸고, 나아갈 방향성을 제시하며, 그 방향을 향해 사람들의 마음을 통합하고, 멤버들에게 동기를 부여하는 것"이라고 주장하며 비전 설정의 중요성을 역설했다.

이에 대한 리더들의 솔직한 심정은 충분히 예상할 수 있다. 내가 처리해야 할 업무에 부하 직원의 관리까지 맡으면서 조직의 비전을 생각할 여유는 없다는 것이다. 그러나 사실 부하 직원에게 일을 맡기는 것이 생각처럼 진행되지 않는 이유는 리더에게 비전이 없기 때문이다. "좀처럼 부하한테 일을 맡길 수가 없어"라고 푸념하는 이유 또한 일을 맡길 동기가 희박하기 때문이다.

위압적인 자세로 모두가 공감할 수 있는 멋진 비전을 제시할 필요는 없다. '나는 조직을 이렇게 만들고 싶다'는 생각이면 충분하다. 그리고 이것을 의식할수록 자신이 하지 않아도 되는 업무는 어떻게든 부하 직원에게 맡기자는 동기가 생겨날 것이다.

옮긴이 김정환

건국대학교 토목공학과를 졸업하고 일본외국어전문학교 일한통번역과를 수료했다. 21세기가 시작되던 해에 우연히 서점에서 발견한 책 한 권에 흥미를 느끼고 번역의 세계에 발을 들여, 현재 번역 에이전시 엔 터스코리아 출판기획 및 일본어 전문 번역가로 활동하고 있다.

경력이 쌓일수록 번역의 오묘함과 어려움을 느끼면서 항상 다음 책에서는 더 나은 번역, 자신에게 부끄럽 지 않은 번역을 할 수 있도록 노력 중이다. 공대 출신의 번역가로서 공대의 특징인 논리성을 살리면서 번역 에 필요한 문과의 감성을 접목하는 것이 목표다. 야구를 좋아해 한때 imbcsports.com에서 일본 야구 칼 럼을 연재하기도 했다. 옮긴 책으로는 《경영전략 논쟁사》 《구글을 움직이는 10가지 황금률》 《1퍼센트 부 자의 법칙》 《이익을 내는 사장들의 12가지 특징》 《회사개조》 《경영 전략의 역사》 등이 있다.

일을 잘 맡긴다는 것

초판 1쇄 발행 2020년 5월 19일
초판 10쇄 발행 2024년 4월 25일

지은이 아사노 스스무
펴낸이 정덕식, 김재현
펴낸곳 (주)센시오
출판등록 2009년 10월 14일 제300-2009-126호
주소 서울특별시 마포구 성암로 189, 1707-1호
전화 02-734-0981
팩스 02-333-0081
메일 sensio@sensiobook.com

디자인 Design IF

ISBN 979-11-90356-52-7 03320

이 도서의 국립중앙도서관 출판예정도서목록(CIP)은 서지정보유통지원시스템 홈페이지(http://seoji.nl.go.kr)와
국가자료공동목록시스템(http://www.nl.go.kr/kolisnet)에서 이용하실 수 있습니다. (CIP제어번호 : CIP2020014771)

잘못된 책은 구입하신 곳에서 바꾸어드립니다.